W0334596

DON BOSCO
VERLAG

St. Nikolaus ist Autofahrer

Der Nikolaus, der alte Mann,
kommt nicht mehr mit dem Schlitten.
Die Kufen sind längst abgewetzt,
die Deichsel hat gelitten.
Die Hirsche ziehen heut nicht mehr
wie in den alten Zeiten.
Auf schwarzem Schneematsch und Asphalt
will auch kein Schlitten gleiten.
Drum kommt der gute Mann zu uns
im Auto vorgefahren.
Geschenke sind im Kofferraum,
so macht er es seit Jahren.
Ein rauer Knecht, ein schwarzer Kerl,
der sich der Krampus nennt,
ist Leibchauffeur beim Nikolaus
und rast, als ob es brennt!

**Bruno Horst Bull**

Cordula Pertler / Eva Reuys

# Kinder feiern Nikolaus

Don Bosco

**Feste feiern mit Kindern**

Weitere Themen aus der Reihe:
Erntedank
Halloween
St. Martin
Advent/ Weihnachten
Fasching, Fastnacht, Karneval
Ostern
Muttertag

Die Deutsche Bibliothek – CIP-Einheitsaufnahme

Ein Titeldatensatz für diese Publikation ist
bei Der Deutschen Bibliothek erhältlich.

2. Auflage 2002 / ISBN 3-7698-1303-0

Umschlag und Illustrationen: Margret Russer
Notensatz: Nikolaus Veeser, Schallstadt
Satz: undercover, Augsburg
Produktion: Druckerei Gebr. Bremberger, München

Gedruckt auf umweltfreundlichem Papier

# Inhalt

**Vorbereitung**

**Festgestaltung**

**Bausteine für die praktische Arbeit**

# Vorwort

Lasst uns froh und munter sein … singen die Kinder voller Vorfreude auf das Fest. Überall, in der Familie, im Kindergarten, in der Schule, wird aus dem Leben des heiligen Nikolaus berichtet, es wird gesungen, musiziert und gebastelt. Voller Ungeduld zählen Kinder die Nächte, die sie noch vor dem großen Ereignis schlafen müssen. Bunte Teller, frisch geputzte Stiefel oder auch aufgehängte Socken warten schon darauf, dass Nikolaus sie mit Äpfeln, Nüssen, Lebkuchen und Schokolade füllt. Vielleicht kommt er aber auch persönlich vorbei und feiert mit den Kindern gemeinsam sein Namensfest.

Der Abend vor St. Nikolaus ist etwas Besonderes: Stiefel werden vor die Tür gestellt oder Socken aufgehängt, damit sie mit leckeren Süßigkeiten gefüllt werden können.

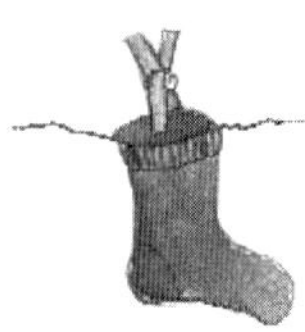

Der Nikolaustag ist für Kinder der Höhepunkt der vorweihnachtlichen Zeit. Tannenzweige, Kerzenlicht, duftendes Kerzenwachs, der Geruch von Äpfeln und Mandarinen, ein festlich geschmückter Raum zaubern eine unvergleichliche Stimmung. Etwas Geheimnisvolles liegt in der Luft und sorgt für eine gewisse Spannung auf das, was da kommt.

St. Nikolaus hat eine ungebrochene Anziehungskraft vor allem auf Kinder. Es sind wohl die vielen Geschichten und Legenden, die sich um seine Person ranken und ihn als wundertätigen und hilfsbereiten Menschen schildern. Sankt Nikolaus ist der Freund der Kinder und Inbegriff des »guten Hirten«.

Mit vielem, das in seinem Namen geschah und noch geschieht, wäre der große heilige Mann sicher nicht einverstanden. So kommt es leider noch vor, dass er Erziehungsgehilfe der Erwachsenen ist, unterstützt von finsteren Gestalten, die tadeln und drohen, mit Ketten rasseln, Kinder erschrecken und zutiefst ängstigen. Vielfach wird Nikolaus auch vom Weihnachtsmann im roten Outfit auf den zweiten Platz verwiesen. Weihnachtsmänner übernehmen immer mehr die Rolle des Gabenbringers und »konkurrieren« mit unserem Christkind, das am 24. Dezember kommt.

Werbewirksam sollen sie in Warenhäusern die Leute zum Kaufen bewegen. Zudem boomt der Kitsch rund um den Weihnachtsmann. Geschäftstüchtige haben ihn zum Logo ihrer Konsuminteressen gemacht. Mit Sankt Nikolaus hat das alles nichts zu tun!

Trotz allem hat der wahre Nikolaus nicht ausgedient. Seine Botschaft hat uns auch heute noch viel zu sagen! Sie wurde uns in Legenden und Brauchtum erhalten.
Wer war dieser Sankt Nikolaus, dessen Fest wir jährlich mit Kindern feiern? Welche Bräuche verbinden sich mit dem Nikolausfest hier und im Ausland? Welche Bedeutung haben sein Leben und seine Taten noch heute für uns? Welches Leitbild kann Sankt Nikolaus den Kindern vermitteln? Auf all diese Fragen finden Sie in unserem Buch eine Antwort.
Weiterhin bieten wir Ihnen eine Fülle von Anregungen, wie Sie das Nikolausfest mit Kindern und Eltern lebendig gestalten können. Nikolaus kann sowohl die Kleinen als auch Großen in ihrem Denken und Fühlen bereichern und beglücken.

# Zur Handhabung

Informationen über das Leben des Hl. Nikolaus, Legenden, Brauchtum und Gestaltungsideen rund ums Fest.

Wir wollen mit unserem Buch vor allem Erzieherinnen mit Kindergruppen von vier bis acht Jahren ansprechen. Auch Lehrkräften und Eltern bietet es eine Fundgrube voller Ideen. So wird schon die gemeinsame Vorbereitung des Nikolausfestes zum Vergnügen.
Wir informieren Sie über das Leben des heiligen Nikolaus und die Legenden und Geschichten, die sich darum ranken. Neben Aussagen zur Bedeutung des Festes für Kinder geben wir Ihnen Tipps zur Planung und Gestaltung einer Nikolausfeier. Sei es mit oder ohne Nikolausbesuch, im Haus oder im Wald, Sie werden für Ihre Kinder das Passende finden.
Die große Auswahl an Aktivitäten orientiert sich am ganzheitlichen Gestaltungsansatz. Alle Angebote können Sie als einzelne Bausteine individuell zusammenstellen. Diese sind Themenbereichen zugeordnet, damit wir Ihnen, liebe Leserinnen, die Handhabung erleichtern! Angebote, die mit einem Pfeil (→) gekennzeichnet sind, werden jeweils an einer anderen Stelle im Buch ausführlich beschrieben. Wir wollen Ihnen nicht nur praktische Hilfen geben, sondern auch Lust wecken, die Wartezeit auf das Nikolausfest selbst kreativ zu gestalten und mit allen Sinnen zu erleben.

Folgende Themenkreise erwarten Sie:

- Legenden und Geschichten
- Aktionen und Meditationen
- Nikolauswerkstatt
- Singen und Musizieren
- Backstube

# Vorbereitung

## Nikolaus – Bischof von Myra

❄ Nikolaus muss eine große Persönlichkeit gewesen sein, denn noch 1600 Jahre nach seinem Tod wird er von vielen Menschen verehrt. Das ist erstaunlich, da vieles aus seinem Leben im Dunkeln liegt und sich nur wenig historisch belegen lässt. Fast alles, was wir über ihn zu wissen glauben, erzählen uns Legenden, die sich um seine Person ranken. In der Überlieferung der Wunder und guten Taten vermischen sich allerdings die Legenden um die Person des Nikolaus von Myra und die des Abtes Nikolaus von Sion, Bischof von Pinara, aus dem 6. Jahrhundert. Beide wurden wegen ihrer Tugend und Mildtätigkeit verehrt. Nachfolgende Generationen sprachen jedoch nur noch von einem einzigen Nikolaus, dem ehemaligen Bischof von Myra.

❄ Nikolaus wurde um das Jahr 270 in Patara als Sohn wohlhabender und gütiger Eltern geboren. Er wurde im christlichen Glauben erzogen und genoss eine gute Schulbildung. Schon in jungen Jahren verlor er seine Eltern. Das Vermögen, das sie ihm hinterließen, verteilte er an die Armen und Hilfsbedürftigen. Nikolaus fühlte sich zum Priesteramt berufen und erhielt dafür die Weihe. Er wurde Abt im Kloster seines Onkels und machte nach dessen Tod eine Wallfahrt ins Heilige Land. Als er in seine Heimat zurückkam, wurde für den verstorbenen Bischof von Myra ein Nachfolger gesucht. Die Legende erzählt, dass der Priester, der als erster am Morgen die Kirche betritt, zum Bischof gewählt werden sollte; es war Nikolaus. Es war eine Zeit, in der Christen verfolgt wurden und auch Nikolaus geriet wegen seines Glaubens in Gefangenschaft.

Nikolaus wurde um das Jahr 270 in Patara als Sohn wohlhabender und gütiger Eltern geboren. Er wurde im christlichen Glauben erzogen.

❄ Nachdem Kaiser Konstantin das Christentum als Staatsreligion einführte, konnte Nikolaus sein Bischofsamt wieder aufnehmen. Viele Legenden rühmen die guten Taten des Nikolaus. So soll er ein Kleinkind aus kochendem Badewasser errettet haben, drei Schüler, die von einem geldgierigen Wirt erschlagen und in Fässern eingepökelt waren, erweckt, die Hinrichtung dreier Unschuldiger verhindert und drei Feldherren befreit haben. Letzteres geschah, indem er Kaiser Konstantin im Traum erschien, worauf dieser die Feldherrn freiließ. Eine Legende, die vielen bekannt ist und in besonderer Weise für die Güte und Klugheit von Nikolaus steht, war die Erzählung von der Hungersnot. Während einer Hungersnot bittet Nikolaus den Kapitän eines mit Getreide beladenen Schiffes, dem hungernden Volk Kornsäcke zu überlassen. Der Kapitän weigert sich, weil er die gesamte Ladung seinem Dienstherrn übergeben muss und Angst hat, dass die fehlenden Säcke bemerkt werden. Nikolaus kann ihn schließlich doch überzeugen und der Kapitän opfert ein bisschen Getreide. Als die Schiffe weiterfahren, fehlt nichts an der Ladung.

Die Verehrung des Hl. Nikolaus stützt sich auf den Tag seines Todes, den 6. Dezember.

Nikolaus starb Mitte des 4. Jahrhunderts im hohen Alter. Die spätere Verehrung des Heiligen stützt sich auf den Tag seines Todes, nämlich auf den 6. Dezember. Bestattet wurde der Bischof in der Martyrionkirche von Myra, die über Märtyrergräbern aus der Zeit der Christenverfolgung errichtet wurde. Spätere Generationen bauten die Kirche zur Nikolausbasilika aus. Myra, das heutige Demre, liegt in der Süd-West-Türkei. Gläubige aus dem ganzen Land verehrten Nikolaus und pilgerten zu seinem Grab. Zum Ruhm der Stätte trug sicher auch das »Manna die Santa Nicola« bei, eine Art heiliges Wasser, das sich in einer Vertiefung des Sarkophags sammelte und Blinden und Aussätzigen geholfen haben soll, wenn sie damit die erkrankten Körperteile benetzten. Jahrhunderte lang wachten Mönche am Sarkophag des Nikolaus, wiesen die Pilger ein und sorgten dafür, dass das ewige Licht nicht erlosch.

Im 11. Jahrhundert eroberten jedoch Muslime Kleinasien und zogen plündernd durch Lykien. Der im gesamten Mittelmeerraum verehrte Heilige drohte der westlichen Christenheit verloren zu gehen. Da alle Bewohner aus der Stadt Myra geflüchtet waren, gelang es Kaufleuten von Bari, sich in den Besitz der Gebeine des Heiligen zu bringen. Sie überwältigten die wachhabenden Mönche, öffneten das Grab und raubten es aus. Mit dem Schiff brachten sie die sterblichen Überreste nach Bari in Süditalien. Dort wurden sie über hundert Jahre in der Eliaskirche aufbewahrt, bis die Gebeine in der neuerbauten Nikolaus-Basilika im gleichen Ort ihre letzte Ruhe fanden. Bari stieg zum Wallfahrtsort auf und der Ruhm der Stadt und ihres Heiligen verbreitete sich über das gesamte Abendland.

❊ Noch mehr als in der katholischen wird Nikolaus jedoch in der orthodoxen Kirche verehrt. Mönche in Russland, Griechenland, Rumänien und anderen Ländern des Ostens hielten sein Lebenswerk lebendig und verewigten den Heiligen auf zahllosen Ikonen. Sie zeigen einen Nikolaus mit dem Bischofsgewand, aber ohne Mitra. Sein Haupt krönt ein Heiligenschein und in der linken Hand hält er das Evangelium. Die rechte Hand führt Daumen und Ringfinger zusammen und kreuzt Zeige- und Mittelfinger. Diese Geste bedeutet, in allen Glaubensfragen vorbildlich zu argumentieren und durch gute Taten zu überzeugen.

❊ Die große Verehrung des Sankt Nikolaus und die Frömmigkeit des Volkes im Osten wie auch im Westen zeigt sich in den zahlreichen Legenden, die über Wundertaten nicht nur zu Lebzeiten des Heiligen, sondern auch nach seinem Tode berichten. Kirchen, Kapellen und Brücken sind dem heiligen Nikolaus geweiht, Kinder werden auf seinen Namen getauft. Nikolaus wird als universeller Heiliger verehrt, der niemanden im Stich lässt. Er ist einer der 14 Nothelfer und Schutzpatron zahlreicher Berufsgruppen.

Kirchen, Kapellen und Brücken sind dem heiligen Nikolaus geweiht, Kinder werden auf seinen Namen getauft.

## Brauchtum hier und anderswo

### *Fest des Kinderbischofs*

❊ Zum Kinderfest wurde der Nikolaustag bereits im Mittelalter durch die Verbindung mit dem Fest des Kinderbischofs, einer ausgelassenen Schülerfeier, bei der die Klosterschüler einen aus ihrer Mitte zum Bischof für einen Tag wählten. Ursprünglich fand das Fest am 28. Dezember statt, dem Fest der unschuldigen Kinder. Im 13. Jahrhundert wurde es auf den 6. Dezember verlegt. Der Kinderbischof verschmolz so mit der Nikolausgestalt.

### *Nikolaus besucht die Kinder zu Hause*

❊ Seit dem 17. Jahrhundert wurde das Nikolausfest nicht mehr als öffentliches Fest inszeniert, sondern in die Privatsphäre der Familie verlegt. Waren es beim Bischofsspiel die Erwachsenen, die vor dem Schülerbischof zu erscheinen hatten, so wurden jetzt die Verhältnisse umgekehrt. Nikolaus examinierte die Kinder, fragte religiöses Wissen ab, erkundigte sich, wie sich die Kinder das ganze Jahr hindurch verhalten hatten, ob sie gehorsam waren. Brave Kinder wurden mit Gaben belohnt, für Missetaten wurden Strafen angedroht. Natürlich durfte Nikolaus nicht selbst bestrafen. Dafür wurde ihm ein Diener zugeordnet, der je nach Gegend einen anderen Namen hat und Ruprecht oder Krampus heißt. Ketten rasselnd, mit einer Rute und einem Sack ausgestattet, aus dem Kinderbeine schauen, verängstigte er schon immer Kinder. Nikolaus wurde vielfach missbraucht für eine autoritäre Droh- und Schreckpädagogik.

Nikolaus wurde vielfach missbraucht für eine autoritäre Droh- und Schreckpädagogik.

❄ Ein Nikolaus, der Angst und Furcht verbreitet, wird dem wahren Sankt Nikolaus nicht gerecht. Da Nikolaus einst Bischof war, kommt er im prunkvollen Ornat, mit der Mitra, seiner Bischofsmütze und dem Stab ausgestattet in die Kindergruppe. Nikolaus darf das Gute belohnen und das nicht so Gute anmahnen. Hat er einen Begleiter, so ist dies der getreue Diener seines Herrn. Er ist kein Furchtmacher oder Teufel, auch wenn er im heidnischen Brauchtum der Sonnenwendfeier so auftritt. Die Kinder wissen, dass Nikolaus zu seinen Lebzeiten allen Menschen Gutes getan hat, am meisten den Notleidenden und Kindern und daher ihm zu Ehren ein Erwachsener den Nikolaus spielt.

❄ Die Kleinen in ihrem noch vorhandenen Märchenglauben sehen im Nikolausdarsteller oft den heiligen Nikolaus selbst. Diesen Glauben sollten wir den Kindern lassen, ohne etwas Unwahres zu erzählen. Wird der Nikolausbesuch so verstanden, macht es Sinn diesen Brauch zu erhalten.

### *Nikolaus und der Weihnachtsmann*

❄ Der Weihnachtsmann ist vor allem eine Erfindung des 19. Jahrhunderts. So richtig bekannt gemacht hat ihn der deutsche Dichter Hoffmann von Fallersleben mit dem Liedtext »Morgen kommt der Weihnachtsmann, kommt mit seinen Gaben«. Die Kleidung des Weihnachtsmannes war zur damaligen Zeit sehr verschieden. So trug er ein blaues, grünes, braunes, rotes oder weißes Gewand. Anfang der 30iger Jahre entdeckte ihn Coca Cola als Werbeträger und verpasste ihm ein Outfit in den Markenfarben der Firma. So kommt es, dass wir den Weihnachtsmann im typisch roten Kleid mit Zipfelmütze und weißem Pelzbesatz kennen. Er tritt wie der heilige Nikolaus als

Gabenbringer auf und so wurden beide Figuren zu einem Symbol für die Weihnachtszeit. Nikolaus trägt deshalb nicht immer das bischöfliche Gewand, sondern häufig das eines Weihnachtsmannes.

### *Nikolaus füllt Gabenteller und Strümpfe*

❊ Dieser weitverbreitete Brauch geht auf die Legende von den »Drei Goldsäcklein« (→ S. 35f.) zurück. Nikolaus warf drei Not leidenden Mädchen Goldsäckchen oder – nach einer anderen Version – drei Äpfel aus purem Gold in die Strümpfe, die sie am Kamin zum Trocknen aufgehängt hatten.

❊ Am Abend vor dem Nikolausbesuch stellen deshalb die Kinder Teller oder Stiefel vor die Tür, die dann vom Nikolaus klammheimlich über Nacht mit allerlei feinen Sachen gefüllt werden.

❊ In Nordamerika und Kanada hängen Kinder Strümpfe an den offenen Kamin, da »Santa Claus« in der Nacht durch den Schornstein steigt und sie mit Naschwerk füllt. Als kleine Belohnung für die Anstrengung halten sie Kekse und Milch bereit, wovon am nächsten Morgen natürlich nichts mehr übrig ist. Holländische Kinder denken auch an den Schimmel von »Sinterklaas« und stellen zu den Schuhen einen Eimer Wasser, etwas Heu und Karotten, die Nikolaus gegen Geschenke austauscht. Zusätzlich finden sie noch den Anfangsbuchstaben ihres Namens aus Schokolade im Schuh. In England müssen sich die Kinder länger gedulden, denn »Santa Claus« und sein Rentier »Rudolph« beschenken die Familien erst in der Nacht vom 24. auf den 25. Dezember. Für die Geschenke hängen die Kinder große Kissenbezüge an ihre Betten. Auf der Fensterbank stehen Speisen und Getränke für Nikolaus und Karotten für das Rentier bereit.

### *Nikolaus und seine Begleiter*

❊ Vielerorts haben sich dem gütigen, gabenbringenden Nikolaus finstere Gesellen angeschlossen.

❊ Ihre Herkunft wird mit dem Teufel und heidnischen Bräuchen in Verbindung gebracht. Der bekannteste Beglei-

ter ist Knecht Ruprecht. Forscher nehmen an, dass er ursprünglich »Rauer Percht« hieß. Das Christentum verwies ihn in die Rolle des dienenden Knechtes, der mit Sack, Rute und rasselnder Kette den heiligen Nikolaus begleitet. Er ist der Gegenpol zum überaus liebenswürdigen Nikolaus und trägt entsprechend seines finsteren Charakters dunkle Kleidung. Da er jedoch dem heiligen Mann dient, steht er auch für den Triumph des Guten über das Böse.

❄ Je nach Gegend haben die Gesellen unterschiedliche Namen: in Bayern und Österreich ist es Krampus, in der deutschsprachigen Schweiz ist es »Schmutzli«, in den Niederlanden nennt man ihn »zwarte Piet« oder »More«.

❄ Zuweilen wird Sankt Nikolaus auch von Engeln begleitet. Als himmlische Boten verkörpern sie das Gute, die Vollkommenheit und den Frieden.

***Nikolaus und seine Transportmittel***

❄ Je nach Gegend ist Nikolaus auf einem Schlitten unterwegs oder saust im hohen Norden auf dem Rentierschlitten durch die Dörfer. Er reitet auf einem stolzen Schimmel oder auf einem Esel und an einigen Orten reisen Bischof Nikolaus und sein Gefolge mit dem Schiff an. In Holland wird »Sinterklaas« als Schutzpatron der Schiffer verehrt. So kommt er der Legende gemäß Mitte November aus Spanien mit dem Schiff nach Amsterdam. Begleitet wird er von Knechten in spanischer Tracht; einer davon ist der Mohr Piet. Mit dem Schimmel reitet er zum Rathaus, wo ihn der Bürgermeister empfängt und von da aus reist er jedes Wochenende in eine andere Stadt, wo er feierlich empfangen wird. In Brunnen am Vierwaldstättersee rudert »Schmutzli« seinen hohen Herrn Nikolaus in einem Boot an das Seeufer.

***Nikolausumzüge***

❄ In einigen Gegenden sind Nikolausumzüge gebräuchlich. Nikolaus zieht mit großem Gefolge durch den Ort oder die Stadt sei es mit Pferd, Esel, Kutsche oder Schlitten. Meist geht der Umzug zum Rathaus, wo er vom Balkon aus den zahlreich versammelten Kindern und Erwachsenen zuwinkt oder er hält Einzug in die Pfarrkirche zu einem Gottesdienst. Auf seinem Weg beschenkt er die Kinder mit Äpfeln und Süßigkeiten. Zu den Begleitern des Nikolaus gehören meist finstere Gesellen, die auch manchen Schabernack mit den Umstehenden treiben. In einigen Gegenden der Schweiz ist es Brauch, dass Glocken, Schellen, Peitschen und andere lärmmachende Instrumente Nikolaus ankündigen. In Gersau am Vierwaldstättersee wird alle fünf Jahre ein fantasievoller Umzug abgehalten. Lichterbögen säumen den Weg des heiligen Mannes und seines Gefolges. Einzelne Wagen erinnern an verschiedene Nikolauslegenden. Dann betritt Nikolaus ein mit vielen Lämpchen erleuchtetes Schiff, von dem aus er die Menschen segnet. Im französischen Metz wird Nikolaus wie ein Staatsgast empfangen. Vertreter des Militärs holen ihn vom Bahnhof ab und geleiten ihn durch die festlich geschmückte Stadt.

Um die Gestalt des heiligen Nikolaus hat sich ein lebendiges Brauchtum entwickelt, das sich regional unterschiedlich ausgeprägt hat. Fast immer haben bestimmte Bräuche ihren Ursprung in den seit alten Zeiten erzählten Nikolauslegenden.

Um die Gestalt des heiligen Nikolaus hat sich ein lebendiges Brauchtum mit unterschiedlicher regionaler Prägung entwickelt.

## St. Nikolaus – Fest der Emotionen

»Nikolaus ist ein guter Mann, der uns recht viel helfen kann, lustig, lustig trallallallala, bald ist Nikolaus Abend da …« trällern die Kinder in Schulen und Kitas. Bald ist es wieder soweit! Der Hl. Nikolaus steht vor der Türe und Kinder wie Erwachsene wollen vorbereitet sein.

Kaum ein Tag in der Adventszeit ist aufregender als der Nikolaustag. Der Abend, an dem der »Heilige« zu den Kindern in die Häuser und Wohnungen kommt, ist heute, wie schon früher der Höhepunkt der Adventszeit.

Die Symbolfigur rückt in den Mittelpunkt der Pädagogik. Steht der Sinn des obigen Liedes im Vordergrund, ist Nikolaus ein guter Mann, der den Kindern hilft und ihnen mit kleinen Geschenken Freude bereitet. Der Bischof Nikolaus von Myra bringt als Bote der Kirche Frieden und Freude, Licht und Glanz in die Kinderaugen. Im weiteren

Sinn ist er auch ein moderner Heiliger: Angesichts der wachsenden Gegensätze von Armut und Reichtum in unserer Gesellschaft ist er eine dringend benötigte Symbolfigur.

Da Kinder schon lange vor dem eigentlichen Nikolausfest mit unzähligen Variationen von Nikoläusen konfrontiert werden, ist es besonders wichtig, Kinder die Symbolkraft des Nikolaus erleben zu lassen. Wie sollen sie sonst einen Bezug zur echten Figur finden, wenn sie dem Nikolaus als Werbegag vor Kaufhäusern und an jeder Straßenecke begegnen? Als Comicfigur muss er die Gesellschaft zu noch mehr Konsum animieren. Die Kinder sehen den Nikolaus im Fernsehen als St. Claus, der für Getränke, Elektrogeräte und Ähnliches wirbt. Und sie sehen ihn als lustigen Gesellen beim Besuch in allen möglichen Vereinen, wo sich alle Anwesenden auf Kosten dessen amüsieren, der gerade vom Nikolaus in die »Mangel genommen« wird.

Das zentrale Thema dieses Festes soll es sein, die historische Symbolfigur des Bischof Nikolaus im christlichen Sinne zu vermitteln.

- Weitverbreitet ist der angstmachende, strenge und strafende Mann, der einmal im Jahr kommt und die Kinder wieder zur Räson bringen soll. Eine trauriges Kapitel, das auch in unserer heutigen Zeit nicht abgeschlossen ist. Nicht selten drohen die Erwachsenen den Kindern sogar: »Wenn du nicht brav bist, dann steckt dich der Nikolaus in einen Sack und nimmt dich mit!«
- Das zentrale Thema dieses Festes soll es sein, die historische Symbolfigur des Bischof Nikolaus im christlichen Sinne zu vermitteln und nicht den angstmachenden, von manchen Erwachsenen als Erziehungshelfer eingesetzten Nikolaus. Die Kinder sollen den Hl. Nikolaus nicht als Druckmittel erleben, weder schimpfend noch strafend.
- Der Bischof von Myra ist den Kindern ein väterlicher Freund und eine Autoritätsperson neben den Eltern. Viele Legenden halten das gute Wirken in Erinnerung und so können die Erzieher die wahre Gestalt und die mit ihr verbundenen Traditionen und Werte anschaulich vermitteln.
- Mit liebevollen Erzählungen, fröhlichen Nikolausliedern, sozialen Aktionen und Meditationen zum Thema können die Kinder das wahre Bild des Hl. Nikolaus erleben. Seine Botschaft wird vielseitig erfahren, seine Person und Ausstrahlungskraft kann so begriffen werden. Die Kinder suchen unbewusst nach starken, positiven Figuren, die ihnen als Leitbild dienen und so bietet ihnen der Heilige eine echte

Identifikationsmöglichkeit. Nur wenn die Kinder über das Nikolausgeschehen informiert und von der Güte des großen Heiligen überzeugt sind, können sie den Krampus als Begleiter akzeptieren. Die Kinder sollen dem Hl. Nikolaus ohne Furcht begegnen können. Ausschließlich der Aspekt, den Kindern die Möglichkeit zu geben, mit ihren eigenen Urängsten konfrontiert zu werden, lässt den Krampus als Begleiter von Bischof Nikolaus zu. Unbewusst können Kinder sich ihren Ängsten stellen, wenn sie den Krampus vor sich sehen. »Krampus« oder »Knecht Rupprecht«, eine wilde, grausige Gestalt, deren Ursprung aus dem Heidnischen stammt, darf allerdings nicht ins Haus. Das »Böse« wird verdammt und muss draußen bleiben, nur das »Gute« hat Eintritt. – So ist es im Sinne der kindlichen Gerechtigkeit.

Ausschließlich der Aspekt, den Kindern die Möglichkeit zu geben, mit ihren eigenen Urängsten konfrontiert zu werden, lässt den Krampus als Begleiter von Bischof Nikolaus zu.

❊ Eine Ausnahme erlaubt das Erscheinen des Krampus: Tritt der Knecht Rupprecht als Diener von Bischof Nikolaus, also in seiner ursprünglichen Rolle in Erscheinung, können ihm die Kinder den Einlass gewähren. Der Bischof Nikolaus hat die Macht über das »Böse«, ihm muss der raue Kerl gehorchen, und somit kann auch den Kindern nichts passieren. Eine Identifikation mit dem guten Nikolaus lässt die Kinder in dieser Situation stark werden und bereits existierende Ängste können so bewältigt werden.

❊ In der Geborgenheit der Gruppe und in der Sicherheit des Glaubens an den guten Nikolaus, können die Kinder vielleicht sogar ein bisschen den Schauder genießen, der ihnen über den Rücken läuft, wenn der Krampus mit der Kette rasselt, oder mit der Rute auf den Boden schlägt.

❊ Gelingt es Ihnen, den Kindern die Ängste zu nehmen und den Hl. Nikolaus in seiner Vorbildfunktion zu vermitteln, können Kinder selbst in einer sozialen Funktion aktiv werden. So wie Nikolaus von Myra vielen Menschen und vor allem vielen Kindern geholfen hat, lernen die Kinder sich gegenseitig in der Gruppe, ihren Geschwistern und den Eltern zu Hause und anderen zu helfen. Mit verschiedenen Methoden werden die Kinder an dieses Thema sensibel herangeführt und Schritt für Schritt wird für sie realistisches Handeln möglich. So verschenken sie beispielsweise Spielmaterial an bedürftige Kinder, helfen im Haushalt, oder erfreuen ältere, einsame Menschen mit

Nikolausliedern. Auch, wenn es dem einzelnen Kind noch schwer fällt, für den Anderen etwas zu tun, gemeinsam entwickeln sie die Kraft dazu. Die Kinder erkennen ihre eigene innere Stärke und lernen sie zu gebrauchen. Die Kinder erleben, dass Helfen und jemand anderen zu erfreuen selbst Freude bereitet und glücklich macht. Auch spüren die Kinder, wie man mit kleinen Gesten die Welt humaner gestalten kann. Sie lernen sich verantwortlich zu fühlen für ihre Mitmenschen, ob alt oder jung.

Die Kinder erleben, dass Helfen und jemand anderen zu erfreuen selbst Freude bereitet und glücklich macht.

❊ Auch beim gemeinsamen Vorbereiten und Feiern des Festes wird das gegenseitige Helfen deutlich. Jedes Kind kann seine Stärken individuell einbringen, erlebt aber im gemeinsamen Tun das beglückende Gefühl von Solidarität im Geben und Nehmen.

❊ Die Nikolausfeier ist ein Fest der Emotionen, welches die Gruppe zusammen wachsen lässt. In den Tagen um den Nikolausbesuch lauschen die Kinder aneinander gekuschelt bei Kerzenschein den Geschichten und Legenden und genießen das wohltuende Gefühl der Zusammengehörigkeit. Der Raum duftet nach Tannengrün, Kerzen und Zitrusfrüchten und genau dieser Duft ist es, der uns unweigerlich an eine der schönsten Zeiten des Jahres erinnert. Das Singen mit angezündeter Kerze am Adventskranz und das Öffnen des Adventskalenders verbreitet eine bezaubernde Atmosphäre, die nicht nur Kinder glücklich macht.

❊ Die Spannung wegen des Nikolausbesuchs wird von Tag zu Tag größer. Die hohe Erwartung auf das Ereignis versetzt die Kinder in eine ganz besondere Stimmung. Viele Fragen tauchen auf, die geklärt sein wollen. Die Kinder sind neugierig und wollen wissen, wie der Nikolaus aussieht, woher er kommt, was er mitbringt, ob er das goldene Buch auch wirklich dabei hat, was da wohl drin stehen wird – und Vieles mehr. In diesen Fällen lässt sich der Wissensdurst mit Informationen über alte Bräuche und Riten und mit den vielen Legenden über den Hl. Nikolaus stillen.

❊ Kinder im Vorschulalter bis zu den ersten Jahren der Grundschule befinden sich in der sogenannten »magischen Phase«. Das heißt, auch wenn sie erfahren haben, dass Nikolaus bereits vor vielen Jahren starb und wir jedes Jahr zum Namenstag seiner gedenken, wird die verkleidete Person im historischen Gewand zum echten Nikolaus.

Stunden und sogar Tage vor dem Besuch sind die Kinder in heller Aufregung und Freude. Kraft ihres Wunschdenkens und ihrer Fantasie, lassen die Kinder den Bischof Nikolaus von Myra wieder lebendig werden.

❄ Die Adventszeit ist auch die Zeit des Bastelns und Backens. Da der Himmel meist verhangen und grau ist und der Winter wahrscheinlich noch nicht mit herrlichem Schnee Einzug hielt, verlagert sich das Betätigungsfeld der Kinder ganz von selbst mehr ins Haus. Beim gemeinsamen Backen, Probieren und Verzieren der Plätzchen werden alle Sinne genussvoll angesprochen. Der Duft von frischgebackenen Plätzchen erfüllt das Haus und steigert die Vorfreude auf das Fest. – Und zählt bei den Erwachsenen das Backen in der Weihnachtszeit nicht zu den schönsten Kindheitserinnerungen?

Beim gemeinsamen Backen, Probieren und Verzieren der Plätzchen können Kinder mit allen Sinnen genussvoll erleben.

❄ Kreativ werden die Kinder beim Dekorieren der Räume, denn schließlich soll es dem Nikolaus bei ihnen auch gefallen. Mit den schönen Adventsbasteleien wollen sie dem Nikolaus nicht nur handwerkliches Geschick und Kreativität, sondern auch Gastfreundschaft beweisen.

❄ Stolz und mit gestärktem Selbstbewusstsein präsentieren die Kinder ihre Lieder und Gedichte, wenn der Nikolaus zu Besuch kommt. Bevor sie Nikolaus persönlich die Hand reichen und sich für ihr Geschenk bedanken, klopft den Mädchen und Jungen das Herz ganz schön laut. Haben sie es hinter sich gebracht, fühlen sie sich glücklich und stark. Mit neuer Kraft gehen sie gemeinsam mit der Erzieherin »den Weg« durch die Adventszeit und bringen selbst, wie der Hl. Bischof von Myra, Licht in die Dunkelheit der Wintertage.

## Ohne Planung geht es nicht

❄ Draußen ist es kalt, der Regen geht in Schnee über – ein typisches ungemütliches Spätherbstwetter. Aber das ist kein Grund zur Traurigkeit, denn jede Jahreszeit hat ihre schönen Seiten. Es wird früher dunkel und die Weihnachtsbeleuchtung in den Straßen und Fenstern bringt uns festlichen Glanz. Es wird Advent – eine der stimmungsvollsten Zeiten des Jahres. Bald zieht Plätzchenduft durchs Haus und die Kinder warten sehnsüchtig und etwas gespannt auf den Nikolaus. Nun heißt es für die Erzieherinnen gut zu planen, bloß keine Hektik und Stress aufkommen lassen, sondern die »stade Zeit« mit den Kindern genießen – sie zu dem werden zu lassen, wie sie allseits genannt wird – die stille Zeit.

❊ Lange vor dem ersten Advent sollte sich das Team klar werden, in welcher Weise die Kinder dieses Jahr dem Hl. Nikolaus begegnen werden. Es stellt sich die Frage: Belassen Sie es bei der altbewährten Methode oder wollen Sie etwas Neues wagen? Im Vordergrund jeder Feier steht der Bischof Nikolaus mit seinen guten Taten. Keinesfalls sollte das Fest die Kinder in Angst und Schrecken versetzen. Die Erwartungen der Kinder an den Nikolaus, was Geschenke betrifft, müssen wahrscheinlich relativiert werden. In unserer heutigen Gesellschaft besteht die Gefahr, den Nikolausbesuch ebenfalls zum Konsumfest werden zu lassen wie Weihnachten. Auch bei der Zusammenstellung der Geschenke einigt sich das Team auf typisches vom Herkunftsland des Bischof Nikolaus. Vielleicht verpacken Sie Früchte wie Mandarinen, Datteln, Feigen und verschiedene Nüsse. Das Mehl der Lebkuchen erinnert an die Legende mit dem Getreideschiff, die feinen Gewürze dazu stammen aus dem nahen Osten. In Anlehnung an die Legende mit den drei goldenen Äpfeln gehört zu jedem Nikolausgeschenk ein schöner roter Apfel. Mit etwas Glück finden Sie vielleicht auch einen kleinen Nikolaus aus Schokolade im Bischofsgewand. Die Verpackungsform, ob Stiefel, Teller oder Säckchen für all die feinen Leckereien, kann in jeder Gruppe individuell sein.

Geschenke, wie z.B. Feigen, Datteln, Nüsse und Gewürze, erinnern an das Herkunftsland des Nikolaus.

❊ Behutsam muss der Text, mit dem der Nikolaus sich an die Kinder wendet, zusammengestellt sein. Wir empfehlen, nur Positives an das einzelne Kind zu richten, wenn Ermahnungen nicht zu vermeiden sind, dann nur pauschal an die ganze Gruppe gerichtet.

❊ Die traditionelle Form der Nikolausfeier findet mit dem Besuch des Bischof Nikolaus in den jeweiligen Gruppen der Kita statt. Hier können die Kinder in trauter Runde und Umgebung dem Nikolaus freudig begegnen. Lädt man die Eltern ein, bietet sich die Gelegenheit, diese in die Kita-Gemeinschaft einzubeziehen und sie somit zu stärken. Teilweise sind die Eltern verunsichert, durch ihre eigenen

Kindheitserlebnisse und so können sie erleben, wie schön altes Brauchtum im christlichen Sinne zelebriert werden kann.
❄ Vielleicht ist es aber in Ihrer Kita der Fall, dass nahezu alle Eltern den Nikolaus nach Hause einladen und der Nikolausbesuch zum Familienfest wird. Demzufolge kommt der Nikolaus vielleicht »nur« nachts und heimlich vom 5. auf den 6. Dezember in die Gruppen. Zur Freude und Überraschung der Kinder, hinterlässt er einen Brief und einen großen Sack mit Süßigkeiten und Früchten. Er trinkt das Glas Milch und nimmt das Heu für sein Pferd mit, das ihm die Kinder hergerichtet haben.
❄ Es stellt sich die große Frage: Kommt der Krampus mit in die Gruppe, wartet er draußen vor der Haustüre, darf er vielleicht sogar bis zur Gruppentüre mitkommen, muss aber dann im Flur warten? Vielleicht reicht es den Kindern, wenn sie ihn mit einem Blick durch das Fenster erhaschen können? Oder sollten sie in keiner Weise mit dieser Schreckensgestalt konfrontiert werden? Die Kinder sollten zu diesem Thema ein Mitspracherecht haben. Vor allem größere Kinder können sehr wohl mit diskutieren und mit bestimmen. Sie finden sicher leichter eine Entscheidung, wenn Sie unsere oben erläuterten Ziele studieren, die sich mit dem Thema »Angst vor dem Krampus« auseinandersetzen. Kommt der Bösewicht mit, muss der Hl. Nikolaus mit Worten und Gesten deutlich machen, dass dieser ihm Untertan ist und gehorcht.

❄ Wir empfehlen Ihnen, dem Hl. Nikolaus einen Diener zur Seite zu stellen. In schlichter Kleidung trägt er den Sack mit den Geschenken, eine Rute erübrigt sich.

❄ Eine märchenhafte und romantische Weise den Nikolaustag zu gestalten, wäre eine Begegnung mit dem Hl. Nikolaus im Wald. Dabei entdecken die Kinder allerlei geheimnisvolle Spuren und erleben den Nikolaus von einer ganz anderen Seite.
❄ Wie in früheren Zeiten kann der Nikolaus ein Tier mit sich führen. Je nach Gegend wird er begleitet von einem Esel, einem Schimmel oder einer Geiß. Schön wäre auch, wenn der Hl. Nikolaus mit einem Pony oder in einer eingespannten Kutsche zu den Kindern käme.

Eine märchenhafte und romantische Weise den Nikolaustag zu gestalten, wäre eine Begegnung mit dem Hl. Nikolaus im Wald.

Vielleicht haben Sie entsprechende Kontakte zu einem Besitzer dieser Tiere, die sich für diese Idee begeistern lassen.

❄ Lassen Sie beispielsweise mehrere Engel den Hl. Nikolaus begleiten, so ließe sich die Sehnsucht der Kinder nach märchenhaften Inszenierungen sicher stillen.

❄ Die oben genannten Möglichkeiten der Festgestaltung werden wir im Kapitel »Festgestaltung« mit vielen Anregungen und Vorschlägen weiter ausführen.

### *Zeitliche Planung*

In der Nacht vom 5. auf den 6. Dezember legt Nikolaus seine Gaben in Säckchen, Strümpfe oder Teller.

❄ Kaum ist die erste Kerze am Adventskranz angezündet, meldet sich schon der Nikolaus an. Je nach Gegend kommt er am 5. oder 6. Dezember in die Häuser, Wohnungen und Kitas. Falls er nicht »persönlich« erscheinen kann, legt er in der Nacht vom 5. auf den 6. Dezember seine Gaben in die bereitgestellten Säckchen, Strümpfe, Stiefel und Teller. In der Kita ist es mehr oder weniger eine organisatorische Frage, wann die Nikolausfeier stattfindet. Kommt der Nikolaus in die Gruppe, so ist sicher der Spätnachmittag, wenn die Dämmerung sich neigt und es anfängt dunkel zu werden, der richtige Zeitpunkt. Begegnen Sie dem Nikolaus im Wald, sollte es nicht zu spät sein. Bei diesem romantischen Spaziergang ist es nicht nötig, auf die Dämmerung zu warten, außerdem wollen sie sicher alle noch bei Helligkeit zurückkehren.

❄ Erstellen Sie einen Zeitplan, damit Sie ohne Stress die vorweihnachtliche Zeit und das Nikolausfest genießen können.

### Langfristige Planung

❄ Inhalte zum Thema Nikolaus planen und abgrenzen. Was ist für dieses Fest wesentlich? Welche Angebote kann man noch später zu Advent und Weihnachten machen?

❄ Nikolaus und eventuelle Begleiter, wie Diener, Krampus, Engel organisieren und Termin absprechen.

❄ Elternabend mit Informationen zum Brauchtum, Sinn und Ablauf des Nikolausfestes anbieten. Termin des Nikolausbesuches in der Kita an die Eltern weitergeben, damit diese ihren Nikolausbesuch in der Familie planen können. Falls mit den Eltern gefeiert wird, dazu einladen. Vielleicht können Sie die Eltern dafür gewinnen die Nikolausteller oder -säckchen für ihre Kinder selbst herzustellen oder als Überraschung ein Schattenspiel oder ein Musikstück für die Kinder einzuüben.

❄ Bringt der Nikolaus nicht selbst seine Kleidung mit, bischöfliche Gewänder und Insignien organisieren oder anfertigen (→ S. 54). Sicher findet sich eine Mutter, die diese Aufgabe gerne übernimmt.

**Mittelfristige Planung**

❄ Kinder auf die bevorstehende Nikolausfeier einstimmen und den Ablauf besprechen.

❄ Mit dem Nikolausdarsteller die Feinheiten abstimmen. Wie läuft die Feier ab, was sagt er zur gesamten Gruppe, den einzelnen Kindern?

❄ Einladungskarte für Eltern verschicken

❄ Raum adventlich gestalten

❄ Legenden erzählen und über das Brauchtum berichten

❄ Rollenspiel, Lieder, Gedichte einüben

❄ Nikolausstiefel, -teller oder -säckchen fertigen

**Kurzfristige Planung:**

❄ Geschenke einkaufen bzw. vorbereiten

❄ Namensschilder (→ S. 54f.) für die Kinder basteln, damit Nikolaus jeden persönlich ansprechen kann.

❄ Backen und Getränke zubereiten

❄ Aufgabenverteilung beim Fest (Wer trägt das goldene Buch? Wer trägt ein Gedicht vor? usw.)

❄ Lieder, musikalische Begleitung, Gedichte, Rollenspiel wiederholen

❄ Raum für die Nikolausfeier vorbereiten

## Ein Fest für Groß und Klein

❄ Bevor die Eltern zur Nikolausfeier in die Kita kommen, werden sie erst zu einer Abendveranstaltung eingeladen. In einem informativen Teil erfahren sie den Ablauf der Feier. Sie werden als Gäste erwartet, weniger als Mitwirkende. Wichtig ist es, an diesem Informationsabend auf die Ziele und Schwerpunkte, die Sie setzen, einzugehen. Da das Thema »Nikolausbesuch« sicher heftige Diskussionen auslöst, sollte dafür Zeit eingeplant werden. Manche Eltern haben den Nikolaus nicht gerade als kinderfreundlich erlebt. An diesem Elternabend und bei dem darauffolgenden gemeinsamen Fest in der Kita, können Sie Wege aufzeigen, wie der Hl. Nikolaus zum Boten der christlichen Lehre wird und auch zu Hause in der Familie der Nikolausbesuch harmonisch gelingen kann.

❄ Nach diesem Informationsteil können die Eltern bei Punsch und Plätzchen Nikolaussäckchen oder Stiefel für ihre Kinder nähen. Vielleicht haben Sie sich auch dieses Jahr für bemalte Teller oder verzierte Tüten entschieden. In geselliger Runde lernen die Eltern neue Gestaltungstechniken kennen, die jedoch genügend Raum für individuelles Können, sowie für die Verwirklichung eigener Ideen lassen sollten. Die Diskussion um das Nikolausgeschehen kann in kleinen Gruppen weiter verfolgt werden.

❄ Vielleicht finden sich in der Vorbereitungsphase für das Nikolausfest Mütter, die das dringend gebrauchte Nikolauskostüm schneidern, oder Kontakt zu einem Verleiher aufnehmen. Andere organisieren eventuell ein Tier, das den Hl. Nikolaus im Wald begleiten soll.

❄ Bei der Nikolausfeier selbst können sich die Eltern mit einer musikalischen Begleitung, oder beispielsweise mit der Aufführung eines Schattenspiels einbringen. Bei der Zubereitung und beim Servieren von heißen Getränken können Eltern behilflich sein. Ansonsten nehmen die Eltern die Rolle der Zuschauer ein. Denn die Kinder wollen hier stolz dem Nikolaus zeigen, was sie alles gelernt haben. Als Gäste genießen die Eltern altes Brauchtum in seiner ursprünglich gedachten Form und erleben das Fest als einen sozialen und emotionalen Höhepunkt der Kita in der Adventszeit.

## Integration von Kindern anderer Religionen

❄ In vielen Kindertagesstätten, ob Stadt oder Land, treffen wir auf Kinder und deren Eltern aus verschiedenen Kulturkreisen und Religionszugehörigkeiten. Der Hl. Nikolaus als soziale, überkonfessionelle Figur, kann durchaus auch für Kinder und Eltern anderer Religionen interessant sein und zur Völkerverständigung beitragen. Klären Sie mit den Eltern, in welcher Form das Nikolausfest zur sozialen und kulturellen Feier für alle Religionen werden kann. Hilfreich für ausländische Eltern kann bei der Feier ein dolmetschender »Diener« sein, der dem Nikolaus zur Seite gestellt wird.

❄ Die Kinder könnten ihre Eltern nach dem Brauchtum in ihrem Ursprungsland fragen und in der Kita darüber berichten, wie dort gefeiert wird. Besonders angesprochen fühlen sich türkische Kinder, da der Hl. Nikolaus aus ihrem Heimatland kommt. In den Sechziger Jahren ließen dort die muslimischen Türken die Nikolauskirche von Myra wieder aus dem Sand heben und restaurieren – ein Zeichen der Versöhnung. Vielleicht bringen die türkischen Eltern Fotos aus ihrer Heimat in die Kita mit und erzählen davon. Türkische Mütter könnten in Ihrer Einrichtung mit den Kindern landestypisch kochen.

# Festgestaltung

## Einstimmung auf das Thema

Zur Feier des ersten Advents ist bereits Vieles geschehen. Die Räume sind traditionell geschmückt mit Tannengrün und Lichtern. Zweige stecken in Vasen, Kränze hängen an den Türen. Im Mittelpunkt der bisherigen Dekoration steht der Adventskranz. Die Erzieherin hatte ihn mit den Kindern gebunden und geschmückt. Die Fenster sind mit Mond und Sternen beklebt. Nun ist es an der Zeit, das Thema Nikolaus auch optisch deutlich zu machen. Eine Winterlandschaft mit Nikolaus auf dem Schlitten, gezogen von Rentieren und begleitet von Engeln, können die Kinder noch für den Nikolaustag dazu malen. Richtig romantisch soll es werden. Aus weißem, gefaltetem Papier schneiden einige Kinder noch unermüdlich Schneekristalle für die Fenstergestaltung. Mit Zuckerkreide auf blaues Papier gemalte Nikoläuse zieren die Wände. Gemeinsam wird eine Nikolauscollage gemacht. Dazu sammeln die Kinder im voraus Gold- und Silberfolie, schöne Stoffreste, Watte und vieles mehr. Riesengroß soll der Nikolaus werden, so dass er die ganze Gruppentüre ausfüllt. Auf den Jahreszeitentisch dekorieren wir eine Schale mit Getreidekörnern, eine mit drei vergoldeten Äpfeln und ein Säckchen mit Schokotalern, passend zu den Legenden (→ S. 35f.). Außerdem stellen wir Kunstbilder und Bilderbücher, die den Hl. Nikolaus darstellen, hinzu. Auch Bücher mit Bildern aus der Türkei sind für die Kinder interessant. Zur sinnlichen Raumgestaltung zünden wir eine Aromalampe mit Weihnachtsduft an, manchmal legen wir auch Schalen von Mandarinen und Orangen auf die Heizung. Auch ließe sich leicht selbst eine Mischung für eine Duftschale zusammenstellen (→ S. 61). Von der Decke hängen Tannenzapfen an rote Bänder gebunden und eine Nikolausgirlande. Ein Baldachin mit Sternen schmückt die Kuschelecke. Für Adventsromantik sorgt eine Lichterkette, die zu allen Gesprächen über Nikolaus und zum Vorlesen von Geschichten und

Mit Kunstbildbänden und Reiseführern können sich Kinder über das Land des Heiligen informieren.

Legenden, beim Erlernen von Liedern und Gedichten eingeschaltet wird. Die Fensternischen werden bei Einbruch der Dämmerung mit kleinen Nikolauslaternen beleuchtet. In stimmungsvoller Umgebung warten die Kinder auf den Besuch des Heiligen.

Eine bezaubernde, adventliche Raumgestaltung schafft die Atmosphäre, in der die Kinder mit Brauchtum und Legenden bekannt gemacht und auf das Thema eingestimmt werden.
Bei Kerzenschein und Adventsdüften befasst sich die Gruppe mit dem Leben und Wirken des Heiligen. In zahlreichen Legenden, Geschichten und Bilderbüchern erfahren sie über die guten Taten des Hl. Nikolaus. Abbildungen des Bischof Nikolaus in Bilderbüchern und Kunstbüchern regen zur Betrachtung und Gesprächen an. Darüber hinaus werden Kinder motiviert selbst Gutes zu tun. Sicher ist es für sie interessant, die Kleidung und Insignien des Heiligen bereits vor dem Besuch zu betrachten und die Symbolik zu erfahren. In ihrer Aufregung bleibt den Kindern beim Nikolausbesuch wenig Muße, die Details genau zu erfassen. Auf einer Landkarte suchen sie die Türkei. Das antike Myra ist nur in einigen Ruinen erhalten. Es liegt an der türkischen Riviera nahe der Ortschaft Demre. In der kleinen Nikolausbasilika wird alljährlich der Nikolaustag feierlich begangen. Mit Fotos in Bildbänden kann die heutige Landschaft gezeigt werden.
Mit den Kindern wird die inhaltliche Gestaltung und der Ablauf des Festes besprochen. Sicher wird der Krampus zu einem wichtigen Thema. Gemeinsam entscheiden sie, ob und wieweit er bei dieser Feier erwünscht oder geduldet ist. Informierte und selbstbestimmte Kinder fühlen sich sicher und können den Festtag so auch genießen. Vorgespräche klären auf, nehmen Hemmungen und Ängste. Meditationen verankern das Wissen und entspannen die Atmosphäre, sie lassen die Kinder sensibel werden für die Hintergründe des Themas. Eine glückliche, emotionale Einstimmung erreichen sie mit Singen von Liedern und Basteln. Die Düfte beim Backen wecken Erinnerungen an vergangene Adventstage und die Vorfreude auf das Fest. Jedes Kind lernt kleine Gedichte, übt Rollenspiele oder die musikalischen Begleitung mit Orff-Instrumenten. Die Kinder wollen dem Nikolaus eine Einladung schicken und setzen sich so konkret mit dem bevorstehenden Besuch auseinander. Liebevoll verzieren sie die Einla-

Meditationen verankern das Wissen und entspannen die Atmosphäre, sie lassen die Kinder sensibel werden für die Hintergründe des Themas.

dung und diktieren der Erzieherin den Text. Bereits einige Tage vor dem Nikolausfest gestalten alle in der Gruppe emsig ihre Nikolaussäckchen. Außerdem bemalen sie zwei Obstkisten mit goldener Farbe, damit der Nikolaus die Gaben schön transportieren kann. Rückt der Festtag näher, legen die Kinder mit der Erzieherin alles für den Nikolaus bereit. Gastfreundschaftlich stellen sie ihm ein Glas Milch dazu. Für sein Pferd steht Heu bereit, das die Kinder im Herbst selbst im Garten gemäht hatten. Ein Säckchen Kastanien für die Rehe im Wald wäre auch ein schönes Geschenk. Große Aufregung herrscht, wenn der Nikolaus beim Abholen der leeren Säckchen auch Spuren hinterlässt. Am Morgen entdecken die Kinder, dass das Glas Milch leer und Heu und Kastanien weg sind. Riesig freuen sie sich, wenn der Nikolaus ein paar Nüsse, etwas Flitter, goldene Sterne, oder einen Apfel verloren hat. Vielleicht liegt auch ein Brief mit lieben Worten, die den Kindern die Angst vor dem Besuch nehmen soll, auf dem Tisch.

Die Kinder wollen dem Nikolaus bei der Feier ein selbstgebasteltes Geschenk überreichen. So malt jedes Kind ein wunderschönes Nikolausbild. Alle Blätter werden zusammen geheftet und die Erzieherin schreibt die Gedichte und Lieder dazu. Sicher freut sich auch der Nikolaus über eine verzierte Kerze, getrocknete Orangenscheiben auf Bast aufgefädelt oder andere liebevolle Basteleien der Kinder.

Rückt der Tag näher, werden die Aufgaben verteilt. Wer trägt die Kisten mit den Geschenken oder den Sack, wer hält den Stab, das goldene Buch, wer überreicht das Geschenk und Ähnliches? Wissen die Kinder schon vorher um ihre Aufgaben, fühlen sie sich, wenn es so weit ist, nicht überfordert und können alles selbstständig ausführen.

# St. Nikolaus kommt in die Kindergruppe

Die Kinder können den Besuch des Hl. Nikolaus kaum mehr erwarten. Alle haben sich fein gemacht und sind in ihrer schönen Kleidung in die Kita gekommen. – Ein Knistern liegt in der Luft. »Brav« und »ordentlich« folgen sie allen Anweisungen. Gemeinsam stellen sie die Stühle im Halbkreis auf und lassen dabei einen Weg für den Nikolaus frei. Sein Platz wird gegenüber vorbereitet. Die Tische werden zu einer langen Tafel zusammengeschoben und festlich dekoriert. So liegen in der Mitte des Tisches Zweige, Moos, Tannenzapfen, Mandarinen, Nüsse und kleine Nikolausäpfel, aufgereiht zu einem prächtigen Band, von Tischanfang bis Ende. Dazwischen sorgen kleine Tischlaternen mit zartem Schein für wohlige Gemütlichkeit. Weihnachtsduft aus einer Aromalampe zieht durch den Raum. Draußen wird es inzwischen dämmrig. Sind alle kleinen Lichter im Raum und eine Kerze am Adventskranz angezündet, werden die Vorhänge geschlossen.

Eine lange Tafel wird mit Zweigen, Moos, Tannenzapfen, Mandarinen, Nüssen und Äpfeln dekoriert.

Schnell noch die Namensschilder angesteckt, damit der Nikolaus alle Kinder persönlich ansprechen kann. Die Aufregung legt sich etwas mit der Wiederholung aller Lieder und Gedichte. Den letzten Vers noch nicht ganz beendet, ist von draußen ein Rasseln und Poltern zu hören. »Hat er ihn doch mitgebracht!«, ruft ein Kind aufgeregt und meint damit den Krampus. Aber die Kinder bleiben bei dem Entschluss den »Wilden« nicht herein zu lassen. Die Erzieherin hebt den Vorhang am Fenster etwas zur Seite und schon ist der Krampus zu sehen – das reicht allen Kindern!

Vornehm klopft der Hl. Nikolaus an die Türe. Eine Erzieherin öffnet ihm. Feierlich betritt er den Raum, nickt in die Runde und begrüßt die Kinderschar. Der Nikolaus ist nun nicht mehr Legende, er steht leibhaftig vor den Kindern. Die Erzieherin übernimmt die Begrüßung im Namen der Kinder. Zwei Mädchen und zwei Jungen helfen die Geschenke vom Flur hereinzutragen. Würdevoll nimmt der Hl. Nikolaus auf seinem Thron Platz und bedankt sich für die schöne Einladungskarte der Kinder. Er bewundert den geschmückten Raum und

Der Nikolaus wendet sich persönlich an jedes Kind, wenn er jedem sein Geschenk überreicht.

seinen Thron (→ S. 65). Für eine Weile darf ein Kind den Bischofsstab halten, ein anderes das goldene Buch, dann wird abgewechselt. Der Nikolaus erzählt aus seinem Leben als Bischof von Myra und stellt einen Bezug zu seiner Kleidung her. Mit roten Backen und strahlenden Augen singen die Kinder ihre Lieder und tragen ihre Gedichte vor, ohne den Blick von St. Nikolaus zu wenden. Der Nikolaus überreicht das Geschenk jedem Kind persönlich. Zum Schluss richtet er persönliche Worte an die Erzieherinnen.
Der Nikolaus verabschiedet sich und verspricht nächstes Jahr wieder zu kommen. Mutig überreicht ein Kind dem Nikolaus das Geschenk der Gruppe. Zur Erinnerung stellen sich alle Kinder um den Nikolaus und lassen sich fotografieren. Die Feier klingt in beschaulicher Runde aus, bei Lebkuchen, Plätzchen, Nüssen, heißer Schokolade, Tee oder Kinderpunsch (→ S. 78). Ein Duft von Mandarinen liegt in der Luft, im Hintergrund läuft meditative Musik. Ein gelungenes Fest klingt aus.

***Der Nikolausdarsteller verkleidet sich vor den Kindern***

Die Kinder sind voller Aufregung und Spannung, auch wenn der Nikolausdarsteller vor den Kindern die Kleidung anlegt. Betritt er den Raum, sind alle Augen auf ihn gerichtet. Die Erzieherin und die Kinder begrüßen ihn und er bedankt sich herzlich für die Einladung. Der Nikolausdarsteller setzt sich in seiner normalen Kleidung in den Kreis der Kinder. Gemeinsam lauschen sie den Worten der Erzieherin. Sie berichtet über das Leben und Wirken des Hl. Bischof von Myra und geht speziell auf eine Legende näher ein. Falls ein Junge namens »Klaus« oder gar »Nikolaus« und ein Mädchen genannt »Nikola« oder »Nicole« in der Gruppe ist, stellt die Erzieherin einen Bezug zu deren Namen her. Bevor der Namenstag des Hl. Nikolaus gefeiert wird, verkleidet sich der geladene Gast vor den Kindern. Ruhig und gemessen legt der Nikolausdarsteller seine Kleidung an, die Kinder assistieren dabei. Er erklärt die Kleidungstücke und Attribute, die zum Bischof Nikolaus gehören. Interessiert folgen die Kinder seinen Handlungen und Erzählungen. Ist er fertig, verlässt der Nikolaus erst noch einmal den Raum. Die Kinder singen ein Nikolauslied und warten gespannt auf den Auftritt. Es klopft an der Türe und die Gruppenleiterin öffnet ihm. Gemessenen Schrittes betritt er den Stuhl-

kreis. Als Bischof Nikolaus begrüßt er nun die Kinder. Auch wenn sie diesen Mann noch kurz vorher in Alltagskleidung gesehen haben, steht für sie nun der leibhaftige Nikolaus vor ihnen. Aufgeregt und mit roten Backen folgen sie seinen Worten, stehen Rede und Antwort, als er aus seinem goldenen Buch liest. Kein böses Wort kommt dem Bischof über die Lippen, aber die Kinder wissen genau, worauf sie in Zukunft mehr achten sollten. Viel Lob und Anerkennung macht sie sicher und auch etwas stolz. Die Aufgabe, den Bischofsstab zu halten, wird von einem Kind unter höchster Konzentration ausgeführt. Alle singen andächtig die Lieder und niemand verspricht sich beim Aufsagen der Verse. Das eine oder andere Kind hat schon etwas weiche Knie oder eine zittrige Stimme, als es darum geht zum Nikolaus hinzugehen, um persönlich die Gabe in Empfang zu nehmen. Es wird deshalb von der Erzieherin oder einem älteren Freund begleitet. Höflich bedankt sich jedes Kind für sein Geschenk und zeigt Respekt und Hochachtung. Mit einem liebevollen Geschenk wollen die Kinder dem Nikolaus eine Freude bereiten.
Der Bischof Nikolaus verabschiedet sich und verlässt den Raum. Ohne bischöfliche Gewänder kehrt er als Gast zurück. An stimmungsvoll dekorierten Tischen, bei selbstgebackenen Plätzchen und Wintertee feiern aller in trauter Runde.

### *Darstellendes Spiel zur Nikolausfeier*

Kommt der Nikolaus nicht persönlich in die Kita, hat er sicher in der Nacht vom 5. auf den 6. Dezember die Säckchen, Teller oder Strümpfe der Kinder gefüllt und einen Brief hinterlassen.
Gefeiert wird auch ohne das persönliche Erscheinen des Heiligen. Der Höhepunkt dieses Festes ist das Erzählen und Spielen einer Legende. (→ S. 35f.). Oder es spielt, wie es im Mittelalter und lange danach der Brauch war, ein Kind den Bischof Nikolaus. Ein anderes übernimmt die Rolle des Dieners Krampus und mehrere Mädchen und Jungen stellen Engel dar. Mit großem Ernst nehmen die Kinder ihre Aufgaben wahr und studieren ihre Rollen. Die ganze Gruppe ist aktiv miteinbezogen. Die Rollenverteilung wird gemeinsam besprochen, Erwartungen und Ängste abgeklärt. Alle Kinder stellen für den Krampus Verhaltensregeln zusammen. Größere Kinder arbeiten an

Der Höhepunkt des Nikolausfestes kann auch das Erzählen oder Spielen einer Legende sein.

den Texten mit. Einige bringen ihr Talent bei der musikalischen Umrahmung ein, andere beim Vortrag von Gedichten und Geschichten. Sicher sind Dekorateure für den Raum und speziell die Tische gefragt. Vielleicht werden auch Bühnenbildner für die Kulissen gebraucht. Zur Vorführung des Nikolausspiels und anschließendem Adventstee mit Plätzchen kommen die Eltern sicher gerne. Auch die Bewohner eines Altenheimes in der Nachbarschaft sind erfreut über einen Auftritt der Kinder bei ihnen. Aktiv und in schöner Gemeinschaft gedenken die Kinder dem Leben und Wirken des Bischofs Nikolaus von Myra.

# Wir begegnen Nikolaus im Wald

Natürlich wünschen wir uns für den Nikolaustag einen tiefverschneiten, glitzernden Wald. Ein Wald aber ist zu jeder Jahres- und Tageszeit romantisch – und ganz besonders, wenn wir dem Hl. Nikolaus dort begegnen.
Also ziehen wir uns warm an und packen den Handwagen. Für den Nikolaus haben wir ein liebevolles Geschenk gebastelt, für die Rehe im Herbst einen kleinen Sack Kastanien gesammelt und für die Kinder muss heißer Tee mit. Der Weg durch den Wald ist nicht weit, denn es gibt immer wieder etwas Schönes zu entdecken. Gefrorene Wasserpfützen, Stöcke, Tierspuren und Vieles mehr wecken das Interesse der Kinder. Natürlich halten sie stets Ausschau nach dem Nikolaus. Ab und zu glaubt ein Kind ihn schon gehört zu haben, ein anderes meint, es hätte ihn durch die dichten Tannen gehen sehen. Ganz deutlich sind Hufspuren zu erkennen. Nun glauben die Kinder zu wissen, dass der Hl. Nikolaus mit dem Pferd unterwegs ist. Die Erzieherinnen »wissen das nicht so genau«. So bleibt für die Kinder Raum, sich in ihrer Fantasie alles Erdenkliche auszumalen. An einer kleinen Wegkreuzung sind wir nicht ganz sicher, welche Richtung wir einschlagen sollen, bis wir Dinge entdecken, die für den Wald ungewöhnlich sind. Ein glänzender roter Apfel liegt am Wegesrand. Ein-

stimmig meinen die Kindern: »Den hat der Nikolaus verloren!« – In großer Aufregung folgen wir dieser Spur. Die Spannung steigt erneut, als die ersten »Spürnasen« wunderschönes langes Engelshaar und eine goldene Kugel an einer kleinen Fichte hängen sehen. Die Fundstücke nehmen wir vorsichtig ab und legen sie in unseren Handwagen. Als wir mitten am Weg Nüsse finden, glauben die Kinder den Nikolaus bald eingeholt zu haben. Plötzlich hören wir ein Pferd wiehern und Glöckchen bimmeln. – Und endlich sehen wir den Bischof Nikolaus hoch zu Ross, uns würdevoll zuwinkend. – Ein bezaubernder, märchenhafter Anblick! – Die Kinder scharen sich um ihn und lauschen seinen Worten. Ein kleines Gespräch entwickelt sich. Mehr und mehr trauen sich die Kinder zu erzählen, was sie schon alles auf dem Weg gefunden haben, welche Lieder und Gedichte sie für ihn lernten – und dass auch ein Geschenk für ihn im Handwagen liegt.

Bevor Nikolaus seine Gaben an die Kinder überreicht, singen sie und tragen Gedichte vor, ohne einen Blick von Nikolaus und seinem Pferd zu wenden. Bischof Nikolaus schenkt ihnen nun einen Sack mit Äpfeln und Nüssen und eine große Dose mit himmlischen Lebkuchen. Die Kinder überreichen ihr Geschenk und die mitgebrachten Kastanien. Die Lebkuchen werden gleich im Wald zum Tee vernascht. Die Äpfel und Nüsse nehmen wir mit in die Kita. Vielleicht machen wir Bratäpfel daraus? – Und in die Dose kommen unsere selbstgebackenen Plätzchen für Weihnachten.

Alle Kinder verabschieden sich persönlich mit einem Händedruck und einem »Danke, lieber Nikolaus«. Bischof Nikolaus reitet weiter und wir winken ihm nach, bis er unseren Blicken entschwunden ist. Erst dann treten wir ganz verzaubert unseren Heimweg an.

Falls Sie keinen Nikolaus in den Wald bestellen können, legen Sie Spuren mit Äpfeln und Nüssen auf den Weg und führen Sie die Kinder zu einer Futterkrippe. Dort finden sie einen gefüllten Sack und einen lieben Brief von Nikolaus an die Kinder. Gemeinsam legen alle die mitgebrachten Kastanien in die Futterkrippe, lauschen voll Spannung dem Inhalt des Briefes und können es kaum mehr erwarten, bis sie den Sack öffnen dürfen. Für die Kinder ist es ein Ereignis, fast als wären Sie dem Nikolaus selbst begegnet.

# Bausteine

## für die praktische Arbeit

## Legenden und Geschichten

### Die drei Goldsäcklein

Heute erzähle ich euch eine Geschichte, die sich in der Stadt Patara zugetragen hat. Nikolaus wurde als Sohn wohlhabender und gütiger Eltern geboren. Bereits im Alter von sechzehn Jahren verlor er seine geliebten Eltern. Sie hinterließen ihm ein großes Haus und alles Gold und Geld, das sie besessen hatten, gehörte nun ihm. Obwohl er jetzt reich war und sich ein angenehmes Leben leisten konnte, verteilte er alles, was er hatte, an die Armen und Hilfsbedürftigen. Seine besondere Liebe galt den Kindern, für die er immer etwas in den Taschen hatte.

In der Straße, wo Nikolaus wohnte, lebte auch ein Mann mit seinen drei Töchtern. Der Mann hatte seinen gesamten Reichtum verloren und war nun sehr arm. Um Essensvorräte und Kleidung zu kaufen, musste er Schulden machen. Auch konnte er für seine Töchter nicht all das kaufen, was man als Aussteuer für eine Ehe braucht: Möbel, Töpfe, Schüsseln, Decken und anderes mehr. Das bereitete dem Vater großen Kummer und oft jammerte er »Was würde wohl euer Mann sagen, wenn ihr mit leeren Händen in sein Haus zieht? Ich kann euch nichts mitgeben, außer den Kleidern, die ihr am Körper tragt! Es wird mir nichts anderes übrig bleiben, als euch an einen reichen Herrn als Dienerinnen zu verkaufen!« Da der Mann seine Töchter aber über alles liebte, erfüllte dieser Gedanke sein Herz mit großer Traurigkeit.

Als Nikolaus wieder einmal in der Stadt unterwegs war, sah er, wie sein Nachbar des Weges kam. Nikolaus spürte, dass der Mann voller Sorge war und sprach ihn deshalb an: »Wie geht es dir? Hast du

Kummer?«. Der Mann war froh, dass er Nikolaus von seinen Sorgen erzählen konnte und er klagte ihm sein Leid.
Nikolaus war voller Mitleid mit ihm und seiner Familie und er überlegte, wie er wohl helfen könne. Im Moment konnte er ihm nur ein wenig Trost spenden und er umarmte ihn freundschaftlich.
Nachts, als alles in der Stadt bereits schlief, schlich er sich unbemerkt zum Haus des Mannes und warf durch das offene Fenster einen Beutel in das Zimmer der ältesten Tochter. Als diese ihn am nächsten Morgen fand und öffnete, waren darin lauter Goldmünzen. Sofort lief sie zum Vater und ihren Schwestern und erzählte ihnen von ihrem Fund. Voller Freude nahm der Vater seine Tochter in die Arme und sagte zu ihr »Nun kannst du heiraten. Du hast am längsten warten müssen! Endlich kann ich auch einen Teil meiner Schulden zurückzahlen!«
In der nächsten Nacht fand auch die zweite Tochter einen Beutel mit Goldmünzen in ihrem Schlafzimmer und auch sie konnte eine fröhliche Hochzeit feiern.
In der folgenden Nacht machte sich Nikolaus nochmals auf den Weg zum Haus des Mannes. Dieses Mal wollte der Vater herausfinden,

wem sie ihr Glück zu verdanken hatten. Er beschloss auf alle Fälle wach zu bleiben und sich hinter dem Schrank im Flur zu verstecken. Lange stand er da und starrte in die Dunkelheit, doch dann wurde er sehr müde und nickte ein. Plötzlich schreckte er auf, war da nicht ein Geräusch? Da sah er, wie Nikolaus durch den Flur schlich und leise durch die Tür verschwand. Ungläubig fragte er sich »Habe ich das alles geträumt oder ist es wahr, was ich gesehen habe?« Müde wie er war, schlief er bald darauf wieder ein.
Am nächsten Morgen weckten Sonnenstrahlen die jüngste Schwester auf. Als sie aus ihrem Bett kroch, entdeckte sie auf dem Fußboden ebenfalls einen Beutel mit Goldmünzen darin. Freudestrahlend lief sie zu ihrem Vater und zeigte ihm ihren Schatz. Nun wollte sie aber vom Vater unbedingt wissen, wem sie ihr Glück zu verdanken habe. Er erzählte ihr vom nächtlichen Besuch des Nikolaus und davon, dass er es war, der all die Goldsäckchen ins Haus warf. Nun konnte der Mann alle seine Schulden zurückzahlen und die Münzen reichten auch noch für die Aussteuer und Hochzeitsfeier der jüngsten Tochter. Es wurde ein großes Fest gefeiert und überglücklich wie sie waren, konnten sie das Geheimnis nicht für sich behalten. Zuerst erzählten sie es den Nachbarn, schließlich wusste die ganze Stadt, dann das Land, in dem sie wohnten und nun wissen auch wir, was für ein gütiger Mann der Nikolaus war.

Der Brauch, am Nikolaustag den Kindern Geschenke und Süßigkeiten in Strümpfe und Schuhe zu füllen, geht auf diese Geschichte zurück. Manche erzählen auch, dass Nikolaus Münzen oder Äpfel aus purem Gold in Strümpfe getan hat, welche die Mädchen am Kamin zum Trocknen aufgehängt hatten.

### *Anregungen*

Als Vertiefung legen wir die Stadt Patara mit Tüchern. Aus quadratischen Tüchern entsteht eine Hausform, wenn die rechte und die linke obere Ecke zur Mitte des Tuches eingeschlagen wird. Die Kinder bestimmen, welches Haus Nikolaus und welches dem Mann und den Töchtern gehört. Da Nikolaus die Menschen und vor allem die Kinder liebt und sie mit Geschenken erfreut, wollen auch wir ihm eine Freude machen und schmücken sein Haus mit Legematerial. Als Symbol für seine schenkende Liebe stellen wir zum Haus des Mannes ein Herz aus Karton mit aufgeklebtem Teelicht. Zum Abschluss werden noch kleine Windlichter entlang des Weges gestellt und im abgedunkelten Raum angezündet.

***Bilderkino***

Falls Sie im Besitz eines Tageslichtprojektors sind, ist es reizvoll, Szenen der Geschichte auf Folien zu malen und diese an die Wand zu projizieren. Alternativ können diese auch auf große Papierbögen mit Wasserfarben oder Wachsmalkreiden gemalt und mit einem Diafilm fotografiert werden.

Die Geschichte wird durch ein Rollenspiel (→ S.50f.) vertieft und im Rahmen der Nikolausfeier aufgeführt.

## Das Kornwunder

Nikolaus war Bischof in der Stadt Myra, als eine große Hungersnot über das Land herein brach. Viele Monate hatte es nicht geregnet und die Erde war ausgetrocknet. Die Kühe fanden kein Gras und gaben keine Milch mehr. Das Getreide verdorrte auf den Feldern und bald war das ganze Korn aus den Vorratsspeichern aufgebraucht. Die Menschen konnten kein Brot mehr backen, wurden mager und matt vor Hunger. Mit letzter Kraft gingen sie in die Kirche, um zusammen mit Bischof Nikolaus Gott um Hilfe zu bitten.
Da legte eines Tages ein Segelschiff aus Ägypten im Hafen von Myra an. Es war voll mit Korn beladen.
Auf dem Weg nach Konstantinopel mussten die Segel ausgebessert werden und so beschloss der Kapitän, erst am nächsten Tag den Hafen zu verlassen. Als die Menschen von dem Schiff hörten, liefen sie sofort zum Hafen, um dem Kapitän das Korn abzukaufen. Nach langer Zeit des Hungers wollten sie Brot backen und sich endlich satt essen. Aber der Kapitän weigerte sich, ihnen etwas davon abzugeben. Er sagte: »Leute von Myra, das Korn ist nicht für euch bestimmt, sondern für die Kornkammern des Kaisers. Wenn auch nur ein Sack fehlt, werde ich bestraft. Wie soll ich euch da helfen?

Gleich morgen früh, wenn wir die notwendigen Reparaturen ausgeführt und die Segel ausgebessert haben, müssen wir wieder ablegen.« Eine Mutter mit zwei kleinen Kindern flehte ihn an: »Herr Kapitän schauen sie sich meine kleinen Kinder an. Sie sind schon ganz schwach und wenn sie uns nicht helfen, werden sie verhungern.«
Da der Kapitän immer noch nicht nachgab, gingen die Leute zu Bischof Nikolaus, erzählten ihm von der Begebenheit und hofften auf seine Hilfe. Darauf begleitete Nikolaus sie zum Hafen und suchte den Kapitän auf. Er bat ihn darum, doch einige Säcke Korn an das Volk zu verkaufen. Doch dieser entgegnete: »Es ist so, wie ich es den Leuten hier erzählt habe. Ich kann das Korn nicht verkaufen, da es dem Kaiser von Konstantinopel gehört. Dir wurde ja sicher berichtet, was mich erwartet, wenn ich es dennoch tue!« Nikolaus antwortete: »Kapitän, du brauchst nichts zu fürchten. Verkaufe uns einige Säcke und ich verspreche dir, dass dir kein einziges Getreidekorn fehlen wird, wenn du in Konstantinopel eintriffst.« Etwas ungläubig und verwundert sah ihn der Kapitän an und sagte schließlich: »Gut, ich will dir vertrauen!« Er befahl den Matrosen zwölf Säcke mit Korn abzuladen. Nikolaus bedankte sich herzlich beim Kapitän für die großzügige Hilfe. Dann ließ er elf der Säcke zur Mühle bringen, damit die Leute Brot backen konnten. Den zwölften Sack aber gab er den Bauern. Als endlich wieder Regen fiel, konnten sie das Korn aussäen.
Als das Schiff Konstantinopel erreichte, war die Ladung tatsächlich kein Gramm leichter geworden, so wie es Nikolaus vorausgesagt hatte. Der Handelsherr ließ die Säcke nachzählen und das Getreide sorgfältig nachwiegen. Es fehlte nichts! Da erzählte der Kapitän seiner Familie, seinen Freunden und seinen Nachbarn, was in Myra geschehen war. Schnell sprach sich das Wunder in den Nachbarstädten herum, bald im ganzen Land und schließlich auch bei uns.

### *Anregungen*

Bilderkino (→ siehe Angaben dazu auf S. 38) Die Legende vom Kornwunder lässt sich in folgende Szenen einteilen:
1. Szene: Stadtbild von Myra: Häuser entlang des Hafens, überdimensionale Sonne
2. Szene: Segelschiff liegt im Hafen: Schiff, Personengruppe, Kapitän

3. Szene: Bischof Nikolaus begegnet dem Kapitän. Schiff, Bischof Nikolaus, Kapitän
4. Szene: Getreidesäcke werden entladen: Bischof Nikolaus, Kapitän, Getreidesäcke
5. Szene: Schiff verlässt den Hafen
Im Rahmen einer Nikolausfeier wird als Überraschung ein großes Schiff, aus einem Karton gestaltet, in den Raum geschoben. Im Schiff befinden sich die Geschenke, die an die Kinder verteilt werden.

***Korn mahlen und Brot backen***

Für Kinder ist es ein tolles Erlebnis, aus den selbst gemahlenen Körnern ein Brot zu backen. Mit einer Getreidemühle lassen sich die Körner am besten mahlen.
Wer eine alte Kaffeemühle mit Handbetrieb hat, zerkleinert darin einen Teil der Körner und ergänzt es mit Vollkornmehl. Wenn wir das Getreide gemahlen haben, können wir das frisch gemahlene Mehl mit dem Auszugsmehl aus dem Supermarkt vergleichen und dessen unterschiedliche Farbe und Beschaffenheit erkennen.

## Wie Sankt Nikolaus einen Gehilfen fand

Es war Anfang Dezember, und der Winter hatte bereits eine dicke Schneedecke über das Land gelegt. Das kleine Haus am Waldrand wirkte jetzt noch verlorener und abgeschiedener als sonst. Seit Jahren wohnte in dieser Hütte ein einsamer Holzfäller.
Er war lange nicht mehr im Dorf gewesen und ging auch nicht gerne hin. Die Leute tuschelten hinter seinem Rücken über ihn, den komischen Waldkauz. Und die Kinder machten sich über seinen geflickten Mantel lustig.
Doch nun war sein Schlitten wieder voll mit Holz bepackt. So macht sich der Holzfäller auf den Weg ins Dorf.
Diesmal fanden die Leute aber gar keine Zeit, sich um ihn zu kümmern. Sie trafen die letzten Vorbereitungen für den Besuch des Sankt Nikolaus. Die Häuser waren festlich herausgeputzt, und die Kinder konnten den Abend kaum erwarten.
Das hatte der Holzfäller ganz vergessen: heute war ja Sankt-Nikolaus-Tag! Er verkaufte sein Holz und machte sich ein wenig traurig

auf den Heimweg. Bei ihm war Sankt Nikolaus schon lange nicht mehr vorbeigekommen!
So saß der Holzfäller am Nachmittag wieder in seiner Hütte, als er plötzlich vom Waldweg feines Glockengebimmel vernahm. Er lief zum Fenster und – tatsächlich: Es war Sankt Nikolaus, der mit seinem Eselchen und dem schwer bepackten Schlitten ins Dorf fuhr.
Der Holzfäller öffnete die Tür und rief: »Sei gegrüßt, Sankt Nikolaus, möchtest du nicht einen heißen Tee bei mir trinken?«
Gerne nahm Sankt Nikolaus das freundlich Angebot an. Gemeinsam tranken sie eine Tasse Tee, und Sankt Nikolaus konnte sich am gemütlichen Ofen aufwärmen. Als es dunkel zu werden begann, sagte er: »Sei herzlich bedankt, guter Mann. Jetzt muss ich weiter, damit ich rechtzeitig zu den Kindern komme.«
Bald war Sankt Nikolaus im Schneetreiben verschwunden. Auch der Holzfäller trat hinaus in den Schnee; er brauchte noch etwas Holz für seinen Ofen. So stapfte er hinauf zum Waldweg, und was sah er da? Der ganze Weg war über und über mit Nüssen, Apfelsinen, Lebkuchen und kleinen Geschenken bedeckt. Hatte Sankt Nikolaus dies alles für ihn dagelassen?

Unterdessen war Sankt Nikolaus auf seinem Weg ins Dorf. Bergab saß er gemütlich auf seinem Schlitten, bergauf half er seinem Eselchen, die schwere Last zu ziehen. Es war ein weiter, beschwerlicher Weg, aber er freute sich schon auf die strahlenden Kindergesichter. Als er jedoch beim Dorfeingang vom Schlitten stieg, um den Sack abzuladen, wollte er seinen Augen nicht trauen. Der große Sack war leer, ganz leer. Bald hatte Sankt Nikolaus das Loch im Sack entdeckt. Während der holperigen Fahrt war es immer größer geworden, und so waren schließlich alle Nüsse, Äpfel und Päckchen in den Schnee gekugelt.
Was sollte er jetzt tun? Es war zu spät, um den langen Weg zurückzufahren. Der Schnee, der inzwischen gefallen war, hatte bestimmt alles zugedeckt. Musste er nun mit leeren Händen zu den Kindern kommen? Verzweifelt setzte sich Sankt Nikolaus auf seinen Schlitten. Da sah er am Horizont eine Gestalt auftauchen, erst winzig klein, dann immer größer und deutlicher. Wer mochte um diese Zeit im tiefen Schnee noch unterwegs sein? Es war ein Mann, der auf seinem Rücken einen riesigen Sack mitschleppte. Er wirkte ganz aufgeregt.

Von weither hörte Sankt Nikolaus seine Rufe: »Sankt Nikolaus! Warte, warte!«
Als der Mann näher kam, erkannt Sankt Nikolaus in ihm den freundlichen Holzfäller, der ihn eingeladen hatte. Er war Sankt Nikolaus gefolgt und hatte alles zusammengesucht und in einen Sack gepackt.
Sankt Nikolaus umarmte ihn und fragte: »Wie kann ich dir bloß danken? Wie heißt du eigentlich?«
»Ich heiße Ruprecht, im Dorf nennt man mich Knecht Ruprecht.«
»Auf einen Gehilfen wie dich habe ich schon lange gewartet. Ruprecht, möchtest du mich nicht zu den Kindern begleiten?«
Und ob Ruprecht wollte! Seine Augen leuchteten vor Freude.
So klopften die beiden gemeinsam bei der ersten Haustüre an. Wie staunten die Erwachsenen und auch die Kinder, dass ausgerechnet Knecht Ruprecht den Sankt Nikolaus begleitete. Als Sankt Nikolaus aber die Geschichte mit den verlorenen Geschenken erzählt hatte, da schämten sich alle, dass sie Ruprecht immer so schlecht behandelt hatten. Und eine Frau schenkte ihm einen neuen, warmen Wintermantel.
Von diesem Tag an war Knecht Ruprecht der treue Gehilfe des Sankt Nikolaus. Jedes Jahr sieht man die beiden Anfang Dezember durch den verschneiten Wald ins Dorf fahren, wo sie von den Kindern immer freudig erwartet werden.
*Kathrin Siegenthaler und Marcus Pfister*

## Nikolaus erzählt

Liebe Kinder in diesem Haus,
es grüßt euch heut der Nikolaus.
Über mich gibt es viele Geschichten,
heute will ich ein wenig von mir berichten.
Als Sohn reicher Eltern bin ich geboren.
Leider habe ich sie viel zu früh verloren.
Vielen half ich, vor allem den Armen
Und all das tat ich in Gottes Namen.
Zum Bischof hat man mich ernannt,
Wie ihr alle seht, trage ich sein Gewand.

Mit Spitze verziert ist mein Unterkleid.
Darüber trage ich den Umhang weit.
Mein Mantel ist aus edlem Tuch
Und bei mir trage ich das goldene Buch.
In der Hand halte ich den Bischofsstab
Und für euch hab ich allerlei Süßes im Sack.
Ich hoffe, es schmeckt euch allen gut.
Und beinah hätt ich's vergessen,
auf dem Kopf trag ich den Bischofshut.

Heute feiern alle Kinder mein Namensfest
und ihr alle seid meine lieben Gäst.
So hab ich auch an euch gedacht
Und viele gute Sachen mitgebracht.

## An den Nikolaus

Lieber heil'ger Nikolaus, sei willkommen hier im Haus.
Mach nicht lange Federlesen, ob wir auch recht brav gewesen!
Teile aus mit vollen Händen und lass Gut und Bös bewenden.
Was uns nicht gelungen ist, dafür gib ein Jahr uns Frist.
Kehrst im nächsten Jahr du ein, wirst du sehr zufrieden sein.
*Alexander Carelius*

## Nun ist es wieder an der Zeit

Nun ist es wieder an der Zeit, es kommt der Nikolaustag.
Wir sagen allen, groß und klein, was er bedeuten mag.
St. Nikolaus war ein guter Mann, half vielen aus der Not.
Er ging als Bischof durch das Land und schenkte Geld und Brot.
Er half den armen Leuten gern, als er noch lebte hier.
Gab hin mit Liebe all sein Gut, nahm keinen Dank dafür.
Einst hat der Bischof Nikolaus die Menschen sehr erfreut,
drum lieben wir ihn allezeit und ehren ihn noch heut.

# Aktionen und Meditationen

## Der Bischofsstab (Meditation)

***Material***

Gelbe Baumwolltücher, gelbe Kordeln, Bischofsstab, (evtl. Nikolausgewand und Mitra), farbige Baumwolltücher, Legematerial (u.a. Glassteine zum Verzieren der Spirale des Bischofsstabes)

Alle Teilnehmer sitzen in einem Oval auf dem Boden. In der Mitte werden mehrere gelbe Tücher zu einem langen Teppich aneinandergelegt (die Länge entspricht dem Bischofsstab) und die Kordeln werden darauf gelegt. Nach kurzer Betrachtungszeit tragen die Kinder ihre Assoziationen zusammen. »*Was könnte das sein? An was erinnert das lange Band? Was hat der Teppich für eine Bedeutung?*« Die Erzieherin erklärt: »*Kostbare Gegenstände werden häufig auf Tüchern oder Kissen aufbewahrt, damit sie nicht schmutzig werden oder verloren gehen und ihre Kostbarkeit besonders deutlich wird.*« Die Kinder stellen einen Bezug zu ihrem Erfahrungsbereich her.

Nun werden die Kinder aufgefordert, ihre Augen zu schließen, um sich einen kostbaren Gegenstand ihrer Wahl auf dem langen Teppich vorzustellen. Die Erzieherin legt einen Bischofsstab in die Mitte. Ein Glockenspiel gibt den Kindern das Signal, ihre Augen zu öffnen. Nachdem die Kinder den Stab betrachtet haben, tasten sie mit den Händen sorgsam die Form ab.

Die Kinder beschreiben nun die besondere Form des Stabes. Die Erzieherin ergänzt: »*Der Stab ist aus Gold und hat am oberen Ende eine Spirale, die an eine Schnecke erinnert. Es gibt sehr kostbare Bischofsstäbe, die sind zusätzlich mit bunten Edelsteinen verziert.*«

Jedes Kind erhält fünf Glassteine. Damit dürfen sie nach Belieben die Spirale der Bischofsstabes schmücken.
Die Erzieherin erklärt: »*Vor Weihnachten erhalten viele Kinder Besuch von einem Mann, der ebenfalls Bischof war. Vor vielen Jahren war er Bischof von Myra; einer Stadt, die in der Türkei liegt. Einen Bischof erkennt man nicht nur an seinem Stab, er trägt auch ein schönes Gewand und eine besondere Mütze – die Mitra.*«
Bei den Kindern werden nun sicherlich viele Erinnerungen an den letzten Nikolausbesuch wach. Sie sollten die Möglichkeit haben, ihre Erfahrungen im Gespräch auszutauschen.
Zum Abschluss wählt jedes Kind eine Kordel aus und sucht sich im Raum einen Platz, an dem es daraus die Spirale eines Bischofsstabes legen kann. Mit Legematerial kann der Stab noch erweitert oder verziert werden.
*Maria Rößler*

## Die »drei Goldsäcklein« als Rollenspiel

Rollenspiele sind bei Kindern sehr beliebt und machen den Inhalt von Geschichten leichter nachvollziehbar. Mit Hilfe von Requisiten und Verkleidung gelingt es den Kindern, sich in die handelnden Personen einzufühlen. In der wiederholenden Erzählung und im Spiel vertiefen sie nochmals die Kernaussage der Legende: Es ist gut, wie Sankt Nikolaus zu handeln und notleidenden Menschen zu helfen. Das Rollenspiel kann als Höhepunkt im Rahmen einer Nikolausfeier zur Aufführung gebracht werden.

### *Raumgestaltung*

Das Spiel braucht viel Platz. Die Stühle der Zuschauer sind im Halbkreis vor der Spielfläche angeordnet. Um eine geheimnisvolle und festliche Atmosphäre zu schaffen, verdunkeln Sie den Raum etwas und beleuchten ihn nur mit Tischlaternen. Am Rande der Spielfläche werden mit Decken und Kissen die Betten der Töchter angedeutet. Daneben stehen ein Tisch mit vier Stühlen und ein hochgestellter Tisch, der mit Packpapier verkleidet als Schrank bemalt wurde.

### *Spieler und Requisiten*

Kinder, welche die Stadt darstellen, tragen Papierhäuser (→ S. 55)
*Nikolaus:* Umhang aus goldenem oder rotem Stoff, Sack, Stoffbeutel mit goldenen Schokotalern, Taschentuch.
*Vater:* Umhang aus dunklem Stoff
*Töchter:* Kostüme nach Wunsch aus der Verkleidungskiste
*Erzähler*: Lesen Sie den Text langsam und betont vor und achten Sie auf Pausen zwischen den Sätzen und Szenen. Signalisieren Sie den Kindern mit einem Handzeichen ihren Einsatz. Ältere Kinder haben sicher Freude daran, Sätze, die im Folgenden in wörtlicher Rede angeführt sind, selbst zu sprechen.

### *Spielvorbereitung*

Die Kinder verkleiden sich entsprechend ihrer Rolle. Diejenigen, welche Häuser spielen, stellen sich am Rand der Spielfläche auf. Vor einem Haus finden die »Betten« der Mädchen ihren Platz, daneben stehen Tisch und Stühle sowie der »Schrank«. Legen Sie mit den Kindern fest, welches Bett der ältesten, welches der mittleren und welches der jüngsten Tochter gehört.

### *Spiel – 1. Szene*

Erzähler: *Heute erzähle ich euch eine Geschichte, die sich in der Stadt Patara zugetragen hat.*
*Es ist die Stadt, in der Nikolaus als Sohn wohlhabender und gütiger Eltern geboren wurde. Bereits im Alter von sechzehn Jahren verlor er seine geliebten Eltern. Sie hinterließen ihm ein großes Haus und alles Geld und Gold, das sie besessen hatten, gehörte nun ihm. Obwohl er nun reich war und sich ein angenehmes Leben leisten konnte, verteilte er alles, was er hatte, an die Armen und Hilfsbedürftigen. Seine besondere Liebe galt aber den Kindern, für die er immer etwas in den Manteltaschen hatte.*

*In der Straße, in der Nikolaus sein Haus hat, wohnt auch ein Vater mit seinen drei Töchtern. Große Trauer liegt über dem Haus.*
Der Vater betritt die Spielfläche, lässt Kopf und Schultern hängen, und geht vor der Häuserreihe auf und ab.

Erzähler: *Trauer und Kummer lasten schwer auf dem Mann. Sein Herz ist voller Traurigkeit. So sehr er sich auch den Kopf zerbricht, er weiß keine Lösung für sein Problem.*

***2. Szene***

Nikolaus betritt von der entgegengesetzten Seite die Spielfläche, bemerkt den Vater zunächst nicht.

Erzähler: *Nikolaus ist wieder einmal in seiner Stadt unterwegs. Er besucht die Menschen, die Hilfe brauchen. Dann sieht er diesen Mann, wie er mit hängendem Kopf und Schultern des Weges geht. Nikolaus spürt, dass er großen Kummer hat und spricht in deshalb an. »Wie geht es dir? Hast du Kummer? Möchtest du mir nicht davon erzählen?«*

*Der Mann ist froh, dass er Nikolaus von seinen Sorgen berichten kann und klagt ihm sein Leid.*

Der Mann wischt sich die Tränen aus den Augen. Nikolaus reicht ihm ein Taschentuch und legt ihm tröstend die Hand auf die Schulter.

Erzähler: *Der Mann erzählt: »Vor kurzem ist meine liebe Frau gestorben. Ich vermisse sie über alles. Nun bin ich ganz allein mit meinen drei Töchtern. Sie alle sind in dem Alter, in dem sie heiraten sollten. Nun bin ich aber durch ein trauriges Schicksal arm geworden. Ich habe nicht das Geld, um all das zu kaufen, was sie brauchen, um heiraten zu können: Möbel, Töpfe, Teller, Becher, Wäsche und vieles mehr. Zudem habe ich Schulden und wenn ich die nicht bald zurückzahlen kann, muss ich meine Töchter an einen reichen Herrn als Dienerinnen verkaufen. Ich liebe aber meine Töchter und möchte, dass es ihnen gut geht.«*

Der Vater bedeckt mit beiden Händen sein sorgenvolles Gesicht. Nikolaus umarmt ihn freundschaftlich. (Szene einfrieren)

Die Mädchen betreten die Spielfläche und legen sich eine nach der anderen auf die Decke. Nikolaus begleitet den Vater zu seinem Haus. Sie verabschieden sich. Der Mann geht ins Haus und gibt jeder seiner Töchter einen »Gute-Nacht-Kuss«. Er setzt sich an den Tisch, stützt immer noch sorgenvoll den Kopf in die Hände, legt ihn dann aber müde geworden auf die Arme und schläft. Nikolaus verlässt die Spielfläche.

### 3. Szene

Erzähler: *Nikolaus hat großes Mitleid mit der Familie und er überlegt, wie er helfen kann. Als es Nacht ist und alles in der Stadt schläft, schleicht er sich zum Haus des Mannes. Er möchte nicht erkannt werden.*

Nikolaus geht im Zuschauerkreis mit einem Sack auf dem Rücken herum. In ihm hat der die drei Goldsäckchen. Langsam nähert er sich dem Haus und schaut sich immer wieder um.

Erzähler: *Was macht Nikolaus da? Er wirft durch das offene Fenster einen Stoffbeutel ins Zimmer der ältesten Tochter …*

Nikolaus holt einen Stoffbeutel aus dem Sack und wirft ihn vor das Bett der ältesten Tochter.

Erzähler: *Nikolaus verschwindet im Dunkel der Nacht, so leise und heimlich, wie er gekommen ist.*

Nikolaus verlässt die Spielfläche.

Erzähler: *Am nächsten Morgen, als die älteste Tochter aus dem Bett kriecht, entdeckt sie auf dem Fußboden einen Stoffbeutel. Neugierig öffnet sie ihn und entdeckt viele Goldmünzen. Sofort läuft sie zu ihren Schwestern und ihrem Vater und weckt sie. Voller Freude nimmt der Vater seine Tochter in die Arme: »Nun kannst du heiraten meine liebe Tochter. Du hast am längsten warten müssen!«*

Die Kinder stellen die Handlung dar und setzen sich dann an den Tisch.

Erzähler: *Mit dem Gold kann der Vater endlich eine Hochzeitsfeier für seine Älteste ausrichten und einen Teil seiner Schulden zurückzahlen.*

Älteste Tochter tritt ab.

### 4. Szene

Erzähler: *Am folgenden Abend sind die Mädchen früh müde und gehen zu Bett. Von ihrem Vater verabschieden sie sich noch mit einem »Gute-Nacht-Kuss«. Bald schlafen sie ein. Der Vater will noch ein Weilchen aufbleiben und lesen. Doch bald nickt auch er vor Müdigkeit ein.*

Die Mädchen legen sich hin. Der Vater setzt sich mit einem Buch an den Tisch, wird müde, gähnt und legt dann den Kopf auf die Arme.

Erzähler: *Nikolaus macht sich wieder auf den Weg zum Haus des Mannes. Auch dieses Mal trägt er den Sack bei sich. Auf leisen Sohlen schleicht er sich zum Haus.*
Nikolaus nähert sich langsam dem Haus.
Erzähler: *Vor dem Haus angekommen, wirft er ein Goldsäckchen durch das offene Fenster zum Bett der mittleren Tochter.*
Nikolaus wirft einen Stoffbeutel zum Bett der zweitältesten Tochter und verlässt anschließend die Spielfläche.
Erzähler: *Als die mittlere Tochter am frühen Morgen ihr Bett verlässt, stößt sie mit ihrem Fuß ebenfalls an ein Goldsäcklein und trägt es überglücklich zu ihrem Vater. Nun kann er auch der zweiten Hochzeit zustimmen.*
Tochter hebt den Stoffbeutel auf, öffnet ihn und nimmt Goldmünzen in die Hand. Schwester und Vater kommen, umarmen sich und freuen sich. Die mittlere Tochter tritt ab.
Erzähler: *In der folgenden Nacht beschließt der Vater auf alle Fälle wach zu bleiben. Er will sich hinter dem Schrank im Flur verstecken und sehen, wem sie das Gold und damit das große Glück zu verdanken haben.*

***5. Szene***
Die jüngste Tochter legt sich schlafen, der Vater versteckt sich hinter dem »Schrank«.
Erzähler: *Lange steht er da. Er ist schon sehr müde und überlegt, ob er sich nicht doch lieber schlafen legen sollte.*
Der Vater zeigt sich unentschlossen, verlässt sein Versteck, gähnt, schaut sich um. Kurzentschlossen sucht er sein Versteck wieder auf und setzt sich so, dass er noch zu sehen ist.
Erzähler: *Auf einmal wird er jedoch sehr müde und nickt ein. Plötzlich reißt ihn ein Geräusch aus dem Schlaf. Ganz deutlich hört er Schritte. Zu seinem Erstaunen sieht er, wie Nikolaus den Hof ebenso heimlich verlässt, wie er gekommen ist. Doch vor lauter Erschöpfung schläft der Vater bald wieder ein.*

Nikolaus schleicht zum Haus und wirft vor das Bett der Jüngsten einen Stoffbeutel, während der Vater schläft. Als Nikolaus sich zum Gehen wendet, erwacht der Vater und sieht Nikolaus davoneilen. Gleich darauf schläft er wieder auf seinem Stuhl ein.

Erzähler: *Am nächsten Morgen wecken Sonnenstrahlen die jüngste Tochter auf. Als sie aus ihrem Bett kriecht, entdeckt sie auf dem Fußboden ebenfalls einen Beutel mit Goldmünzen. Freudestrahlend läuft sie zu ihrem Vater und zeigt ihm ihren Schatz. Nun will sie von ihm aber wissen, wem sie alle ihr Glück zu verdanken haben. Der Vater erzählt ihr vom nächtlichen Besuch des Nikolaus und davon, dass er es war, der all die Goldsäckchen ins Haus warf.*

Die Jüngste findet den Stoffbeutel und untersucht den Inhalt. Sie weckt ihren Vater und dieser erzählt gestenreich vom Besuch des Heiligen.

Erzähler: *Nun reicht das Gold, um alle Schulden zu tilgen und das Hochzeitsfest der jüngsten Tochter auszurichten. Es soll ein schönes Fest mit vielen Gästen werden und Nikolaus soll der Ehrengast sein. Glücklich wie sie waren, konnten sie ihr Geheimnis nicht für sich behalten. Bald wussten es die Nachbarn, die Stadt, das ganze Land, in dem sie wohnten und nun wissen auch wir, was für ein gütiger Mann Nikolaus ist.*

*Nikolaus will auch uns eine Freude bereiten und hat für jeden von uns etwas mitgebracht.*

Nikolaus hat in dem Sack für alle Kinder und Gäste Schokotaler bei sich, die er nun verteilt.

## Legende »Das Kornwunder« mit Legematerial

### *Das braucht man*

Teppichfliesen oder Sitzpolster, Tücher in blauer, brauner, gelber Farbe, Bausteine, Kieselsteine, Segelschiffchen (→ S. 66), Boote, Getreidehalme, Säckchen gefüllt mit Körnern, Kaffeemühle mit Handbetrieb, Spielfiguren (Nikolaus, Kapitän, Matrosen, Bewohner der Stadt), Fladenbrot

### *Spielanregung*

Die Kinder sitzen auf dem Boden im Kreis. In der Mitte liegt ein blaues Tuch. Um das Tuch ist noch genügend Platz für die weitere Gestaltung der Stadt, der Ackerfläche, des Brunnens. Das Material für die Gestaltung der Geschichte liegt in Reichweite des Erzählers. Nach kurzer Betrachtung des blauen Tuches tragen die Kinder ihre Assozia-

tionen zusammen. »Was könnte das sein? An was erinnert euch die Farbe?« Die Kinder werden »Wasser, See oder Meer« antworten.
Am Meer liegt eine Stadt *(mit Bausteinen einige Häuser bauen)*. In dieser Stadt gib es einen Hafen *(mit Bausteinen Hafenmauer bauen und einige Boote dazu stellen)*. In dieser Stadt, die Myra genannt wird, lebt Bischof Nikolaus *(Nikolausfigur zu einem Haus stellen)*. Vor der Stadt liegt ein Acker, auf dem Getreide wächst. Aus den Körnern mahlen die Menschen Mehl und backen daraus Brot. (*braunes Tuch als Ackerfläche, Getreidehalme darauf legen*). Vor den Toren der Stadt gibt es auch einen Brunnen. Hier holen sich die Bewohner der Stadt frisches Wasser (*aus Kieselsteinen Brunnen gestalten. Die Kinder überlegen, für was die Menschen Wasser brauchen und stellen dies pantomimisch dar)*.
In diesem Sommer regnet es keinen Tropfen. Die Sonne brennt heiß vom Himmel und trocknet die Erde aus *(mit gelbem Tuch Sonne gestalten)*. Die Kühe finden kein Gras und geben keine Milch mehr. Das Getreide verdorrt auf den Feldern *(mit gelbem Tuch »Acker« bedecken)*. Es kann kein Getreide geerntet werden. Bald ist das ganze Korn aus den Vorratsspeichern aufgebraucht. Die Menschen können kein Brot mehr backen und haben großen Hunger.
Bischof Nikolaus *(Nikolausfigur)* geht am Abend oft durch die Straßen. Er hört das Weinen der Kinder und er spürt die Not der Menschen. Gerne würde er helfen, aber auch er hat kein Brot.
Eines Tages nähert sich ein Schiff dem Hafen. Es kommt aus Ägypten und ist auf dem Weg nach Konstantinopel, zur Stadt des Kaisers. Es ist voll mit Korn beladen *(Segelschiff zum Hafen bewegen)*. Als die Menschen davon hören, laufen sie zum Hafen *(Spielfiguren in das Hafengebiet stellen)*. Sie wollen dem Kapitän Korn abkaufen *(Spielfigur Kapitän)*. Aber der Kapitän weigert sich, ihnen etwas zu geben. Er sagt: »Leute von Myra, das Korn ist nicht für euch bestimmt, sondern für die Kornkammern des Kaisers. Wenn auch nur ein Sack fehlt, werde ich bestraft. Wie soll ich euch da helfen?«. Da der Kapitän nicht nachgibt, gehen die Leute zu Bischof Nikolaus und erzählen ihm davon (*einige Spielfiguren zum Haus des Nikolaus stellen*). Darauf begleitet sie Nikolaus zum Hafen *(Figur des Nikolaus zum Kapitän stellen)*. Nikolaus geht zum Kapitän, doch dieser erklärt: »Es ist so, wie ich es den Leuten hier erzählt habe. Ich kann das Korn nicht

verkaufen, da es dem Kaiser von Konstantinopel gehört. Dir wurde sicher berichtet, was mich erwartet, wenn ich es dennoch tue!« Nikolaus antwortet: »Kapitän du hast nichts zu fürchten. Verkaufe uns einige Säcke und ich verspreche dir, dass dir kein einziges Getreidekorn fehlen wird, wenn du in Konstantinopel eintriffst!«. Der Kapitän sagt darauf etwas verwundert: »Gut, ich will dir trauen!« Er befiehlt den Matrosen, Säcke mit Korn abzuladen *(Säckchen mit Körnern zum Schiff stellen)*. Nikolaus bedankt sich herzlich beim Kapitän für die großzügige Hilfe. Das Schiff verlässt den Hafen und fährt hinaus aufs weite Meer *(Schiff über das blaue Tuch bewegen und von der Spielfläche nehmen)*. Nun können die Menschen aus den Körnern Mehl mahlen *(Getreidekörner werden herumgereicht, befühlt und dann mit der Kaffeemühle zu Mehl gemahlen)*. Aus dem Mehl backen sie Brot; die Hungersnot hat ein Ende. Als es endlich regnet, reicht das Korn auch noch, um es auf dem Acker auszusäen *(auf dem braunen Tuch Körner aussäen)*.
Als das Schiff Konstantinopel erreichte, war die Ladung tatsächlich um kein Gramm leichter geworden, so wie es Nikolaus vorausgesagt hatte. Der Handelsherr ließ die Säcke nachzählen und das Getreide sorgfältig nachwiegen. Es fehlte nichts! Bischof Nikolaus hatte in seiner großen Güte ein Wunder vollbracht, das sich bald überall herumsprach!

***Vertiefung***

Nehmen Sie ein Fladenbrot in die Hand, brechen Sie ein Stück davon ab und geben Sie das Brot weiter. Jedes Kind bricht sich nun ein Stück ab, bis alle davon haben. Nun bitten Sie die Kinder möglichst die Augen zu schließen, den Brotduft aufzunehmen und das Brot zu kosten.
Fordern Sie dazu auf, das Brot ganz langsam zu essen, jeden Bissen zu genießen. Nachdem die Kinder die Augen wieder geöffnet haben, erzählen sie, wie ihnen das Brot geschmeckt hat.

## Waldspaziergang

Für unsere Nikolausdekoration holen wir die Äste selbst im Wald. Falls für den Nikolaustag eine Begegnung mit ihm dort geplant ist, gewinnen die Kinder mit diesem Ausflug vorher schon Sicherheit. Es dürfen jedoch keine Zweige abgerissen oder geschnitten werden. Meist aber werden im November im Wald die Bäume gefällt. Da die Forstarbeiter nur das Holz brauchen, lassen sie die Äste zurück. Alles, was am Boden liegt, darf mitgenommen werden. Neben den Zweigen finden wir auch Zapfen und Misteln, die wir sehr gut für unsere Dekoration brauchen können. Die Kinder dürfen selbst mit der Gartenschere die kleineren Zweige von den Ästen abschneiden und in die mitgebrachten Säcke stecken. Dabei nehmen sie nicht nur die spitzen Nadeln und das klebrige Harz wahr, sondern auch den herrlichen Duft der frischen Zweige. Sie diskutieren, was man mit den Fundstücken alles machen kann und freuen sich auf das kreative Gestalten.

# Nikolauswerkstatt

## Nikolausgewand

Entsprechend der christlichen Aussage des Nikolausfestes bekleidet sich der Nikolausdarsteller mit dem Gewand eines Bischofs.

### *Material*

Weißer Baumwollstoff (Bettlaken oder altes Nachthemd), dunkelroter Vorhangstoff, Plakatkarton, Goldpapier, einseitig rot gefärbt, weiße Spitze, Goldborten, gelber Futterstoff, Schere, Nähzeug, Textilkleber, Kleber, goldene Kordel und Schließe zum Ankleiden.

### *Nähanleitung für den Mantel*

Aus dem roten und dem gelben Stoff einen Halbkreis nach dem Schnittmuster zuschneiden. Beide Teile zusammennähen, wenden, Nähte ausbügeln, schmalkantig absteppen. Als Verzierung Goldborte annähen.

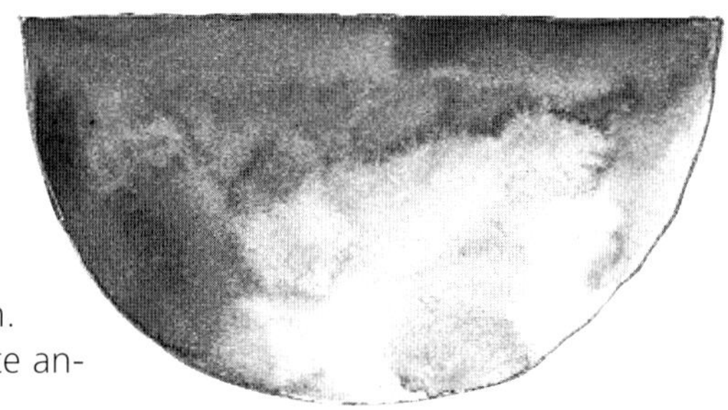

### *Für die Albe (das Unterkleid)*

Aus dem weißen Stoff ein Kleid zuschneiden und nähen. An Ärmel- und Rocksaum Spitze annähen.

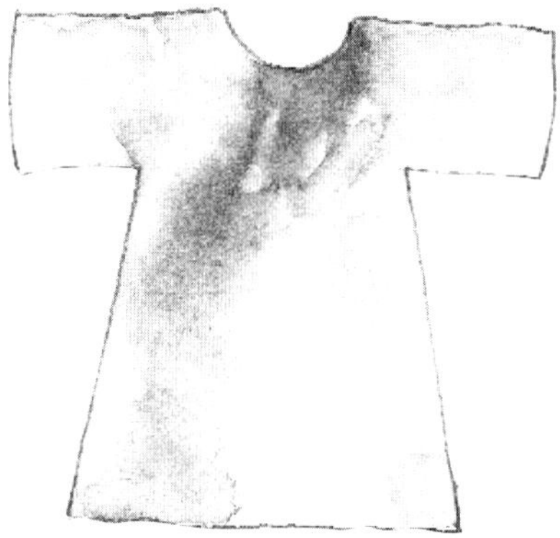

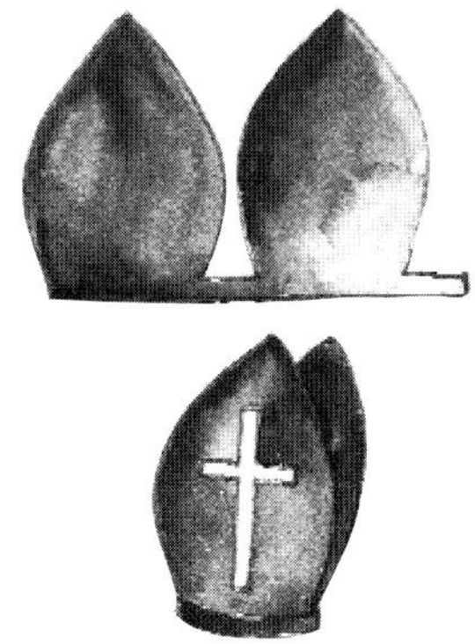

### *Für die Mitra (Bischofshut)*

Aus Plakatkarton die Hutform zuschneiden, außen mit weißem Stoff überziehen, nach innen schlagen, mit Textilkleber ankleben, Hutform 1,5 cm kleiner aus Goldpapier zuschneiden, mit der roten Seite innen auskleben. Aus Goldpapier ein Kreuz zuschneiden, außen auf die Mitra kleben.

## Goldtaler-Säckchen

### *Material*

Stoffreste oder Filz, Locher, Schnur oder Wollfäden für eine Kordel, Dessertteller und Stift, Schere oder Zickzackschere, Goldtaler aus Schokolade oder Kaubonbon

### *Herstellung*

Die Stoffreste mit der Vorderseite nach unten auf den Tisch legen, Teller umgedreht darauf legen und mit einem Stift den Rand abzeichnen. Mit Zickzackschere ausschneiden, an den Rand jeweils im Abstand von ca. einem Zentimeter mit dem Locher Löcher einstanzen, durch die dann die Kordel oder die Schnur gezogen wird. Das Säckchen mit den Goldtalern füllen.

## Papierhäuser zum Verkleiden

### *Das braucht man dazu*

Packpapier (heller Farbton) von der Rolle, Schnüre, Kordeln, Folien, Textmarker, farbige Klebebänder, Klebstoff, Schere

### *So wird's gemacht*

Zuerst müssen Sie eine Art Papiersack in der Größe des Kindes basteln. Mit den Kindern zusammen schneiden Sie zwei gleichlange Streifen jeweils in der Größe des Kindes vom Packpapier ab und kleben diese an den Seiten zusammen. Lassen Sie dabei ein Loch für die Arme frei und machen Sie oben einen Ausschnitt für das Gesicht bzw. Augen, Nase und Mund.
Die Kinder bemalen und verzieren diese Gebäude-Tüte so, dass sie wie ein Haus aussieht, mit den verschiedenen Materialien können Sie

Türen, Fenster und dekorative Details schaffen. Wenn die Kinder fertig sind, verkleiden sie sich als Gebäude, indem sie den Papiersack anziehen. Mehrere Kinder stellen sich zu einer Straße oder zu einem Dorf auf, und bilden so die Kulisse für das Spiel der Nikolauslegende: »Die drei Goldsäcklein« (→ S. 35f.)

## Tannenzapfen als Fensterdekoration

Diese Dekoration ist nicht nur ein zauberhafter Blickfang sondern auch die richtige Einstimmung auf die Adventszeit.

***Das braucht man dazu***
Rotes Geschenkband 500 cm, 13 Tannenzapfen

***So wird's gemacht***
Schneiden Sie rote Geschenkbänder in unterschiedlichen Längen zu: jeweils zwei Bänder zu 100 cm, 90 cm, 80 cm, 70 cm, 60 cm, 50 cm, und ein Band zu 40 cm. Die Zapfen werden einzeln an den Bändern befestigt und in Form eines Torbogens in das Fenster gehängt. Hübsch sieht auch eine Schleife aus, die oberhalb des Zapfens gebunden wird.

## Kette mit Zitrusfrüchten

Zur vorweihnachtlichen Zeit gehört auch der Duft von Orangen. Aufgefädelt auf einem Bindfaden sind sie zudem eine schöne Raumdekoration.

***Das braucht man dazu***
Orangen, kleine Obstmesser, Schneidebretter, Bindfaden, stumpfe Stopfnadel

***So wird's gemacht***
Orangen vorsichtig in Scheiben von 0,5 bis 1 cm schneiden und dann bei 50 Grad eineinhalb bis zwei Stunden im Elektroherd trocknen. Mit einer stumpfen Stopfnadel getrocknete Orangenscheiben auffädeln und Raum damit dekorieren.

## Ölleuchten aus Mandarinenschalen

Diese besonders stimmungsvolle und originelle Tischbeleuchtung für lange Winterabende kann von den Kindern mit wenig Aufwand selbst hergestellt werden.

***Das braucht man***
Mandarinen, Messer, Speiseöl oder Wachsgranulat, Küchenkrepp, Feuerzeug

***So wird's gemacht***
Mandarine waagerecht so durchschneiden, dass zwei gleich große Hälften entstehen. Schale vorsichtig von der Frucht lösen und darauf achten, dass der Strunk in der Mitte stehen bleibt, er dient als Docht. Schale gut trocknen lassen oder trocken tupfen. Speiseöl oder flüssiges Wachs einfüllen bis knapp unter das Strunkende. Docht anzünden.

## Apfelteelicht

Dieses Winterlicht ist eine hübsche und gut duftende Tischdekoration, die auch noch kurz vor dem Nikolausfest hergestellt werden kann. Nach dem Fest werden die Äpfel als Bratäpfel oder Kompott weiterverarbeitet.

***Das braucht man dazu***
Große Äpfel mit gutem Stand, Obstmesser, Teelichter

***So wird's gemacht***
In den Apfel oben ein Loch in Größe eines Teelichts schneiden und in diese Öffnung das Teelicht hineinstellen.

## Namenclip

Ein Namenclip, gut sichtbar an der Kleidung angebracht, ermöglicht dem Nikolaus, jedes Kind mit Namen anzusprechen.

### *Das braucht man*

Holzwäscheklammern, weißer Fotokarton, Farbstifte, Klebstoff, Scheren

### *So wird's gemacht*

Karton in kleine Kärtchen von 13 × 8 cm zuschneiden. An den unteren Rand eines jeden Kärtchens kommt der jeweilige Name des Kindes. Nun überlegt jedes Kind, was es auf das Kärtchen malen will. Passend zum Fest kann dies ein Nikolaus, Knecht Rupprecht, ein Schneemann oder auch ein Engel sein. Ist die Figur gemalt, wird sie ausgeschnitten und mit Klebstoff auf der Wäscheklammer befestigt. Nach dem Trocknen kann der Clip angesteckt werden.

## Nikolaussteller aus Pappmaché

### *Material*

Zeitungspapier in Schnipsel reißen, Schmuckpapier (z. B. Geschenkpapier, marmoriertes Papier), Tapetenkleister, Suppenteller, Frischhaltefolie, Schere

### *So wird's gemacht*

Den Suppenteller bezieht man mit der Frischhaltefolie. Für die erste Schicht des Plätzchentellers tauchen die Kinder die Zeitungsschnipsel in Wasser und bedecken den Teller damit. Die Schnipsel müssen sich überlappen. Für die zweite und dritte Lage wird der Teller nun mit Kleister bestrichen und mit den Papierschnipsel beklebt. Die letzte Schicht bleibt sichtbar und wird nicht mehr mit Kleister bestrichen. Hier wird nun weißes oder Schmuckpapier verwendet, das ebenfalls in Schnipsel gerissen wurde.

Die Pappmachételler müssen einige Zeit mit dem »eingepackten« Suppenteller trocknen, damit sie die richtige Form annehmen. Sind sie gut durchgetrocknet, löst man sie vorsichtig von der Folie. Jetzt kann man die Pappmachételler noch weiter gestalten. Die Kinder können sie mit Mustern bemalen und in den Rand Zacken oder Wellen hineinschneiden.

*Maria Rößler*

## Nikolausstiefel aus alten Stiefeln

Alte oder zu klein gewordene Kinderstiefel erstrahlen als Nikolausstiefel zu neuem Glanz, wenn sie nach den individuellen Ideen der Kinder aufgepeppt werden. Besprühen Sie zuvor die Außenseite der Stiefel mit Gold- oder Silberspray. Nach dem Trocknen ist die Kreativität der Kinder gefragt.
Stellen Sie den Kindern unterschiedliche Materialien wie Gold- und Silberfolie, Tortendeckchen, Watteballchen, Geschenkbänder, Sterne, Nüsse usw. sowie Kleber, Schere, Nadel und Faden zum Dekorieren zur Verfügung. Sie werden staunen über den Einfallsreichtum der Kinder, der jeden Stiefel zu einem kleinen Kunstwerk macht. Sicher lohnt es sich da, den Stiefel auch im nächsten Jahr noch vom Nikolaus füllen zu lassen.

## Nikolausstiefel aus Filz

### *Das braucht man*

Pro Stiefel ca. 45 × 90 cm doppelt liegender Filz, Filzreste, Borten (50 cm), evtl. Pailletten, Stoffkleber, Nähseide, Stecknadeln, Zackenschere. Für den Schnitt: dünnes Packpapier, Lineal, Bleistift, Schere. Geräte: Bügeleisen, Nähmaschine.

### *Zuschnitt*

Größe: Stiefelform ausschneiden und an der rückwärtigen Mitte im Stoffbruch anlegen, mit Stecknadeln befestigen.

### *So wird's gemacht*

Stiefel 1 cm von den Kanten entfernt zusammennähen oder -kleben, Borte und Applikationen nach Belieben zur Verziehrung aufnähen oder -kleben.

## Nikolausstiefel aus Pappmaché

### *Das braucht man*

Gummistiefel, Transparentpapier, Zeitungspapier und Kleister, rotes Tonpapier, Schere, Wasserfarben, Watte

***So wird's gemacht***

Gummistiefel säubern, mit nassem weißem Transparentpapier umwickeln, dabei die Sohle offen lassen. Das in Stücke gerissene Zeitungspapier in mehreren Schichten mit dem Kleister auf den Stiefel kleben und trocknen lassen. Danach unten den Gummistiefel herausziehen und die Ränder glatt schneiden. Für die Sohle Stiefel auf rotes Tonpapier legen, Umriss abzeichnen und mit ca. 1 cm Zugabe den Rand in Zacken ausschneiden. Zacken nach oben drücken und am Stiefel festkleben. Stiefel mit roter Farbe anmalen, trocknen lassen und den Schaftrand mit Watte bekleben.

## Nikoläuse und Stiefel aus Salzteig

Diese Anhänger sind eine schöne Dekoration für Zweige, an Päckchen und Säckchen und können schon von den jüngeren Kindern leicht hergestellt werden. Denken Sie nur daran, rechtzeitig anzufangen, da der Teig, die Bemalung danach und eventuelles Lackieren Zeit zum Trocknen brauchen.

***Das wird gebraucht***

150 g Mehl, 150 g Salz, 80 ml Wasser, Nikolaus- und Stiefelausstecher für Plätzchen (notfalls eine Schablone), Nudelholz, Stäbchen, Backpapier, weiße Deckfarbe, Wasserfarben, Klarlack, Schleifenband

***So wird's gemacht***

Mehl, Salz und Wasser vermischen und gut durchkneten. Teig ruhen lassen, damit sich das Salz auflösen kann.

Teig auf ca. 10 mm ausrollen, Stiefel und Nikoläuse ausstechen, mit Stäbchen ein Loch für den Aufhänger durchbohren und auf das mit Backpapier ausgelegte Blech legen. Die Teigreste zusammenkneten, neu ausrollen und weitere Anhänger ausstechen, bis der Teig verbraucht ist.

Bei ca. 150 Grad für ca. 30 bis 40 Minuten im Backofen trocknen lassen. Fertig sind die Figuren erst, wenn der Teig richtig hart geworden ist. Danach auskühlen lassen.

Bemalen: Nikoläuse und Stiefel mit weißer Deckfarbe grundieren, danach mit Wasserfarben bemalen und trocknen lassen. Einen schönen

Glanz und eine Fixierung erhält man mit Klarlack (wenn es schnell gehen muss mit Spray), Bänder durchziehen, verknoten und aufhängen.

## Potpourri

Eine Potpourrischale erfüllt den Raum mit einem verheißungsvollen Duft. Mit einer Mischung aus getrockneten Blüten, Blättern, Gewürzen, Früchten und deren Schalen, Hölzern und Ölen, lässt sich eine Schale leicht selbst zusammenstellen. Geeignet ist praktisch alles, was uns die Natur an Farben, Formen und Duftvarianten zu bieten hat. In Säckchen abgefüllt, ist es ein liebevolles Geschenk.

***Zutaten für ein Adventspotpourri***

Duftende Gewürze: Ganze Nelken, Sternanis, Zimtstangen, Muskatnuss, Piment, Kardamom, Koriander, Vanilleschote
Früchte: getrocknete Orangen-, Zitronenscheiben, getrocknete Schalen von Orangen, Mandarinen, und Äpfeln
Blätter: Lorbeerblätter, Eukalyptus aus dem Blumenladen
Hölzer: Rinden, Holzstückchen
Blüten: Lavendelblüten, im Kräuterladen oder in der Apotheke erhältlich, getrocknete Rosenblätter
Duftöl: Je nach Vorliebe, können Sie die Zutaten mit Zimt-, Orangen- oder Rosenöl beträufeln und somit den Duft der Zutaten intensivieren.
Alle Zutaten auf einer Schale anrichten und mit einer Weihnachtskugel, Sternen, einem kleinen Engel, einer Schleife und Ähnlichem schmücken.
Wenn der Duft nachlässt, Potpourri etwas durchmischen oder mit Duftöl beträufeln.

## Nussschalenlichter

***Material***

Walnussschalen, Wachsgranulat, kurzer Docht mit Metallplättchen, Schmelztopf (Konservendose), Wasserkochtopf, Topflappen, Klebewachs, Zeitungspapier.

***Durchführung***
Wachsgranulat in Schmelztopf geben. Wassertopf mit Wasser auf die Herdplatte stellen und Schmelztopf hineinstellen. Wachs schmelzen. Walnussschalen auf Unterlage (alte Zeitungen) stellen und in jede Schale einen Docht mit Klebewachs kleben. Schmelztopf mit einem Topflappen aus dem Wasserbad nehmen und die Walnussschale mit Wachs auffüllen.
In einem wasserfesten Behälter kann eine kleine Seenlandschaft mit Steinen, Wurzeln, Pflanzen angelegt werden. Die Nussschalenlichter schwimmen auf dem See, und den Kindern macht es große Freude, sie immer wieder ein wenig anzuschubsen.

## Nikolaus aus Holz

Sägearbeit für etwas ältere Kinder. Die Nikoläuse sehen auf Tischen oder auf einer mit Moos und Tannenzapfen belegten Fensterbank sehr dekorativ aus.

***Das braucht man dazu***
Sperrholz, Laubsäge, Acryl-Mattfarbe oder andere Farben zum Holzbemalen oder Lasieren. Watte und Klebstoff. Dicker und dünner Pinsel, Papier, Bleistift, Schere, Schmirgelpapier, Holzleim

***So wird's gemacht***
Nikolaus auf Papier zeichnen, ausschneiden und als Schablone auf das Sperrholz legen. Umrisse nachzeichnen und aussägen. Einen kleinen rechteckigen Sockel aussägen. Die Ränder mit Schmirgelpapier glätten. Den Nikolaus anmalen. Der Bart kann gemalt oder mit Watte angeklebt werden. Nach dem Trocknen der Farbe die Nikolausfigur mit dem Holzleim auf den Sockel kleben.

## Nikolausbild aus Märchenwolle

Ein besonderes Legeerlebnis haben Kinder mit der Zauber- oder Märchenwolle, bekannt durch Märchenwollbilder aus der Waldorfpädagogik. Als Material verwendet man ungesponnene Wolle, auch Wollvlies genannt, möglichst pflanzengefärbt. Angeboten werden am besten viele Farben, in jedem Fall aber die Grundfarben und Beige oder Wollweiß für Gesichter und Hände. Für den Nikolaus braucht man in erster Linie Rot. Weiß darf für eine Schneelandschaft nicht fehlen. Zum Gestalten eines Waldes braucht man Grüntöne, Blau für den Himmel, Gelb für Mond und Sterne. Für Tiere im Wald, für den Sack von Nikolaus und für einen Schlitten stellen Sie Braun zur Verfügung. Im Fachhandel und auf Hobby- und Christkindlmärkten gibt es zusammengestellte Sortimente in verschiedenen Größen zu kaufen. Den Kindern werden die Wollbällchen übersichtlich und optisch ansprechend in einem Körbchen angeboten. Als Unterlage zum Auftragen der Wolle eignen sich Filz, Sackleinen und andere raue Gewebe, an denen die Wolle gut haften bleibt. Mit einer harten Bürste kann man diese Textilien noch etwas mehr aufrauen. Bei der Farbwahl für den Bildhintergrund nimmt man bereits Einfluss auf die Stimmung der gelegten Szene. Für eine Gemeinschaftsarbeit wie auch für die Einzelbeschäftigung bietet man wie auch beim Malen am besten große Formate an.

***Zur Technik***

Mit der Wolle kann alles gelegt werden, was das Kind auch malen würde. Die Kinder überlegen sich erst, was sie darstellen wollen und einigen sich dann, was im Bild wohin gelegt wird. Dann werden vorsichtig aus Wollvlies-Bällchen kleinere Teile gezupft und diese auseinandergezogen, bis sie wie zarte Schleier aussehen. Mehrere kleine Schleier auf dem Filz aneinander gelegt ergibt dann die Darstellung. Es kann hinzugefügt oder aber auch wieder weggenommen werden, bis die Szene der Vorstellung entspricht. Die Schichten sollen so dünn wie möglich sein, dadurch können mehrere Farben übereinander gearbeitet werden, so dass sich ein plastischer Eindruck ergibt. Das Gelegte darf aber auch so dünn sein, dass der Filz im Hintergrund durchscheint, ähnlich wie bei der lasierenden Malerei.
Diese Bilder halten ohne Kleben und ohne Nähen, denn die Fasern der Wolle verhaken sich mit denen der Unterlage. Die gelegten Bilder bleiben auch dann haften, wenn man sie an die Wand hängt. Jederzeit können die Wollschleier wieder abgenommen und anderweitig

kombiniert oder wieder zu Wollbäuschchen zusammengedreht und in einem Körbchen aufbewahrt werden.
*Tipp:* Weitere Anleitungen und schöne Beispiele finden Sie in »*Gestalten mit farbiger Wolle*«, von Dagmar Schmidt und Freya Jaffke, Werkbücher für Kinder, Eltern und Erzieher 12, Verlag Freies Geistesleben, Stuttgart.

## Nikolausbild mit Zuckerkreide

### *Das braucht man dazu*

Bunte Tafelkreide, Zuckerraffinade, warmes Wasser, dunkelblaues Tonpapier, mindestens im DIN A3-Format

### *Vorbereitung*

Lösen Sie etwa drei Esslöffel Zucker in einem Becher oder einem Schälchen gefüllt mit warmem Wasser auf. Stellen Sie dann die Kreide hinein und lassen Sie diese ein paar Minuten einweichen (sie kann aber auch länger liegen). Als Malgrund für dieses Motiv eignet sich sehr gut Tonpapier in dunklen Farben. Die Farben des Papiers heben den Charakter der Zuckerkreide deutlich hervor. Die Stärke des Tonpapiers ist notwendig für die nasse Technik.

### *So wird's gemacht*

Die Kinder tragen mit der nassen Kreide das gewählte Motiv auf. Dabei kann z. B. auch mit weißer Kreide über andere Farben gemalt werden. In jedem Fall entsteht dann durch das Trocknen der Kreide ein heller, pudriger Effekt.

## Einladungskarte

Falls die Eltern zur Nikolausfeier eingeladen werden, gestalten die Kinder mit einer interessanten Technik eine Nikolauskarte.

### *Das wird gebraucht*

Doppelkarte in DIN A6 in hellem Ton, ein dünner weißer Karton, Filzstift, Klebstoff (nicht tropffrei), Tempera- oder Wasserfarben.

***So wird's gemacht***

Den weißen Karton etwas kleiner als die Doppelkarte zuschneiden, Nikolausmotiv mit Filzstift aufmalen und ganz mit Klebstoff bedecken. Auch der Rand der Zeichnung kann mit dem Klebstoff nachgezogen werden. Klebstoff trocknen lassen und währenddessen den Text auf die Karte schreiben (größere Kinder) oder den gedruckten Text auf die Karte kleben (kleinere Kinder).
Nun das Motiv und die ganze Karte dick mit Farbe übermalen. Trocknen lassen und dann unter schwach laufendes Wasser halten. Die Farbe wäscht sich ab und rundherum wird sie heller. Das Bild zum Trocknen aufhängen oder auf die Heizung legen. Falls es sich wellt pressen oder bügeln. Danach auf die Doppelkarte kleben.

## Nikolausthron

Für den Nikolausbesuch wird mit den Kindern ein Thron hergerichtet.

***Das wird gebraucht***
Ein Armlehnstuhl, ein großes Tuch (Leintuch) oder Decke in Blau, Goldfolie, Mond- und Sternschablone, weiße Watte, Bleistift, Schere, doppelseitiges Klebeband

***So wird's gemacht***
Das Tuch wird über einen Armlehnstuhl drapiert, danach zeichnen die Kinder mit einer Schablone Sterne auf die Goldfolie und schneiden sie aus. Die Watte wird in Flöckchen gezupft. Vom Klebeband kleine Stückchen abschneiden, auf die Rückseite der Sterne, Monde und Watteflöckchen kleben. Diese Verzierungen nach Belieben am Tuch anheften.

## Lichterschiffchen

Die Lichterschiffchen stellen einen Bezug zur Legende mit den Getreideschiffen dar und können in einem kleinen Gewässer in der Dämmerung von den Kindern ausgesetzt werden. Die Legende kann in einer romantischen Stimmung noch einmal erzählt werden. Die Schiffe sollten jedoch nicht der Natur überlassen, sondern wieder eingesammelt werden.

***Material***
Rinde, 20 bis 35 cm langer Zweig, 2 cm langes Aststück oder Korken, Transparentpapier, Kleber, Teelicht mit Hülse, Handbohrer, Messer

***So wird's gemacht***

Rinde säubern, zurechtschneiden auf ca. 20 bis 35 cm Länge, in das Aststück oder den Korken ein Loch bohren, Zweig hineinstecken, evtl. mit Kleber befestigen, Transparentpapier zu einem rechteckigen Segel zurechtschneiden, auf den Zweig stecken, fertiges Segel auf der Rinde mit Kleber befestigen, Teelicht mit einigen Tropfen flüssigem Wachs hinter dem Segel befestigen.

## Tütenschiffe

Aus leeren Tetrapacks lassen sich schwimmende Schiffe basteln. Mit einem Teelicht versehen, leuchten die Boote auf einem nahen Weiher oder Bach eindrucksvoll in der Dunkelheit.

***Das braucht man***
Sauberer Tetrapack mit quadratischem Boden (1l-Packung), Schere, Cromarfarben, Wachsmalkreiden, Pinsel, kleine Schachtel, 1 Schaschlikspieß aus Holz, Nadel, Tonpapier 14 × 14 cm, Teelichter, doppeltes Klebeband

***So wird's gemacht***
Drei Seiten des Tetrapacks, Boden und Spitze bemalen. Farbe gut trocknen lassen. Von der Schüttöffnung beginnend die unbemalte Seite der Packung herausschneiden. Die gegenüberliegende Seite der herausgeschnittenen Fläche ist der Schiffsboden. In der Mitte der kleinen Schachtel ein kleines Loch bohren, da hier später der Mast befestigt wird. Kleine Schachtel im vorderen Teil des Schiffes auf dem Boden festkleben. Papier für Segel mit Wachsmalkreiden bemalen und Mitte markieren. Auf dieser Orientierungslinie oben und unten, etwa 1,5 cm vom Rand entfernt, ein Loch stechen und Holzspieß hindurch schieben. Mast mit Segel in das vorbereitete Loch der Schachtel stecken und falls erforderlich mit etwas Klebstoff fixieren. Im hinteren Bereich des Schiffes Teelicht mit doppelseitigem Klebeband in ausreichender Entfernung vom Segel auf dem Boden befestigen.

# Singen und Musizieren

## Lieber guter Nikolaus

2. Lieber guter Nikolaus, hör einmal, wir machen dir Musik.
   Lieber guter Nikolaus, hör einmal, wir klopfen dir ein Stück.
   Klopf, klopf, klopf …

3. Lieber guter Nikolaus … wir trommeln …
   Bumm, bumm, bumm …

4. Lieber guter Nikolaus … wir summen …
   Summ, summ, summ …

*Weitere Strophen:* Wir klatschen, stampfen, singen usw.

Das Lied begleiten die Kinder mit Orffinstrumenten oder selbst gemachten Instrumenten (→ S. 70f.). In der ersten Strophe bieten sich Triangeln, Cymbeln und Schellen an, in der zweiten Strophe Schlagstäbe, Holzblock- und Röhrentrommeln. Für die dritte Strophe eignen sich Handtrommeln und Pauken. Die vierte Strophe wird leise gesummt. Auch körpereigene Instrumente, wie Klatschen und Stampfen, können eingesetzt werden.

## Wenn's schnelt

überliefert

2. Wenn's schneit …
   Dann kann man durch die Straßen gehn
   und all die schönen Lichter sehn.
   Wenn's schneit …

3. Wenn's schneit …
   Dann riecht es, ach so wundersam,
   nach Plätzchen und nach Marzipan.
   Wenn's schneit …

## Sei gegrüßt lieber Nikolaus

Text: Rolf Krenzer, Musik: Detlev Jöcker

2. Der Nikolaus ist hier.
Hat jemand Angst vor mir?
Wir rufen ganz laut: »Nein!«
Dann komm ich gern herein!
Sei gegrüßt …

3. Du bist ein lieber Mann!
Das sieht dir jeder an!
Siehst wie ein Bischof aus,
wie Bischof Nikolaus.
Sei gegrüßt …

4. Der Bischof Nikolaus
ging einst von Haus zu Haus.
Da war'n die Kinder froh.
Und das ist heut noch so!
Sei gegrüßt …

5. Der Bischof Nikolaus
teilt einst die Gaben aus.
Du machst es ebenso.
Drum sind wir Kinder froh.
Sei gegrüßt …

6. Musst du dann weitergehn
und sagst: Auf Wiedersehen,
gehen wir mit bis zur Tür,
und alle winken dir.
Sei gegrüßt …

## Nussrassel

Mit dem zarten Klingen der Glöckchen und dem rhythmischen Klappern von Nüssen lassen sich Nikolaus- und Adventslieder besonders stimmungsvoll begleiten.

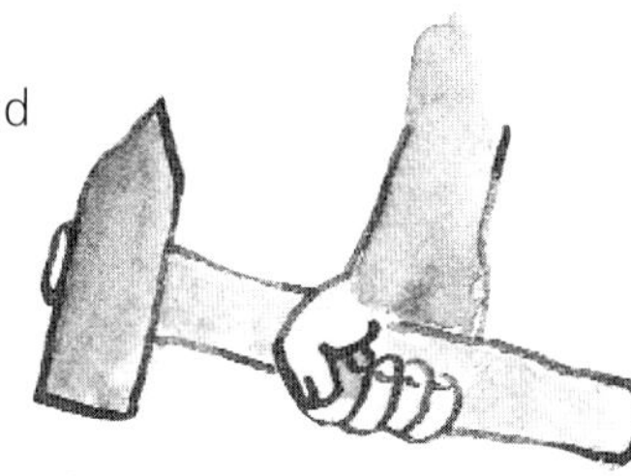

***Das braucht man***
6 Walnüsse, Messer, Klebstoff, Geschenkband
6 × 15 cm, Schere, 1 Polsternagel (Eisenwarengeschäft), 1 Rundholz von 10 bis 12 mm Durchmesser und 35 cm lang, Hammer

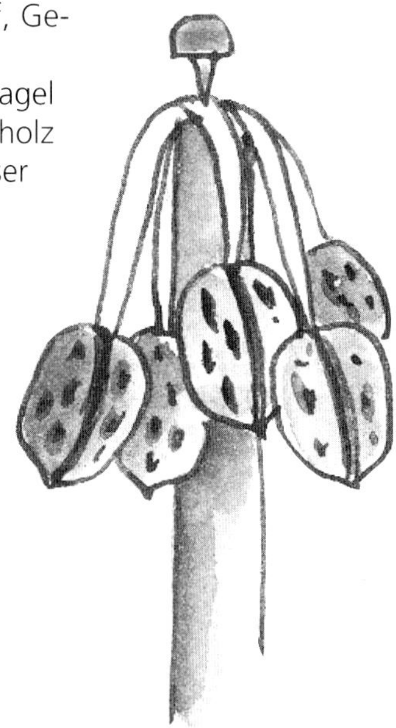

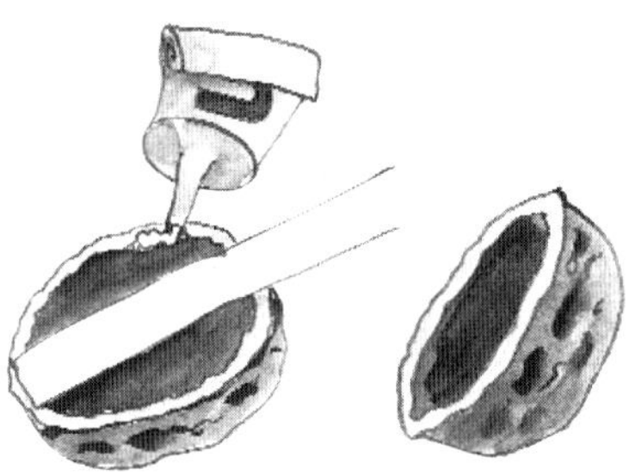

***So wird's gemacht***
Schalen der Nüsse vorsichtig öffnen, Nüsse entfernen und die jeweils zusammengehörenden Hälften nebeneinander legen. Rand einer Nusshälfte mit Klebstoff bestreichen, Geschenkband auf die Schale legen und zweite Schalenhälfte auf die erste drücken. Mit den anderen fünf Nüssen ebenso verfahren. Dann Geschenkbänder übereinander legen und oben auf dem Rundholz festnageln.

## Nussklapper

***Das braucht man***
Karton: 5 × 16 cm und für den Haltegriff 1 × 7 cm langen Kartonstreifen, Wachsmalkreiden, Klebstoff, Lineal, Bleistift, Schere, 2 halbe Walnussschalen

***So wird's gemacht***
Kartonstreifen bunt anmalen und auf die halbe Länge falten. Streifen wieder aufklappen und an jeder Innenseite jeweils eine Nussschale so festkleben, dass sie beim Spielen aufeinander klappern. Danach sowohl auf der Ober- als auch Unterseite des Kartons einen Haltegriff anbringen. Dazu Streifen quer über den Karton legen, überstehende Enden nach innen falten und mit Kleber fixieren. Zum Spielen unten den Daumen und oben die anderen Finger zwischen den Haltegriff und Karton schieben. Durch das Öffnen und Schließen der Hand wird die Klapper betätigt.

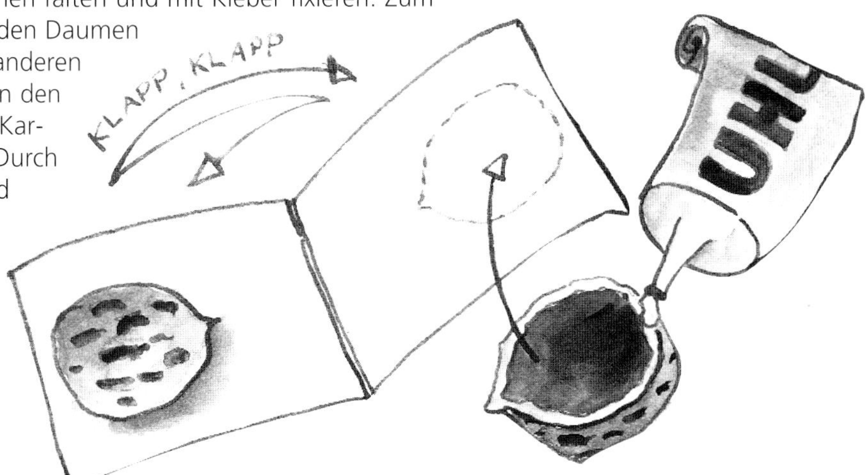

## Schellenband

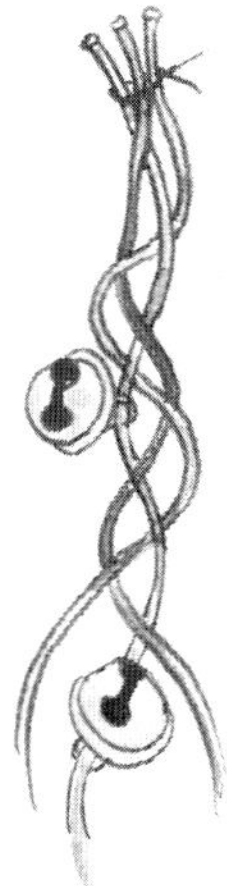

***Das braucht man***

4 Lederbänder von je 50 cm Länge, 5 Schellen, Garn

***So wird's gemacht***

Drei Lederbänder nebeneinander legen und 5 cm vom oberen Ende entfernt mit Garn zusammenbinden. Bänder wie einen Zopf flechten und in regelmäßigen Abständen eine Schelle auf den jeweils in der Mitte liegenden Lederstreifen schieben. Auf diese Weise alle Schellen in den Zopf einflechten. Bei einer Länge von ca. 22 cm auch das andere Ende des Zopfes mit Garn zusammenbinden. Etwa 5 cm unterhalb davon Streifen abschneiden. Viertes Lederband anfeuchten, damit es weich wird und sich gut wickeln lässt. Ungeflochtene Enden der Streifen übereinander legen und mit dem feuchten Lederband umwickeln. Dazu ein Ende des Bandes mit einbinden. Zum Schluss das andere Ende in das Schellenband einflechten und abschneiden.

## Nikolaus – wo steht dein Sommerhaus?

Text und Musik: Volker Rosin

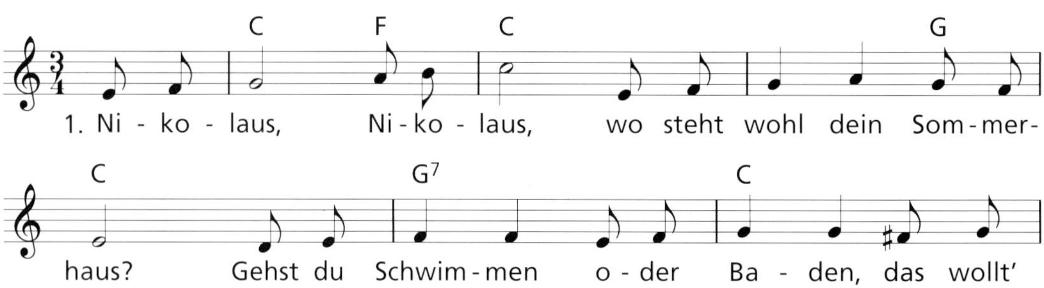

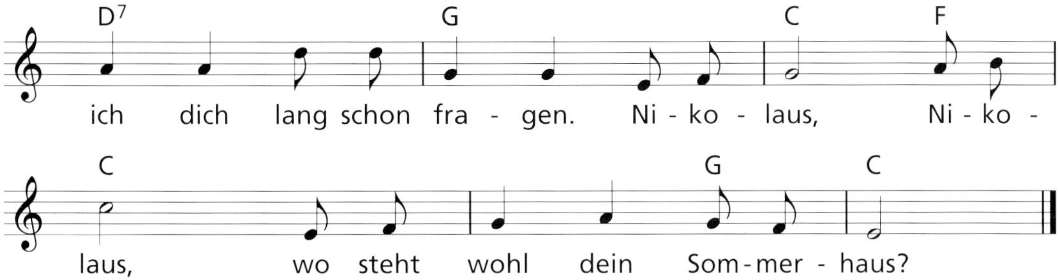


2. Nikolaus, Nikolaus –
gehst du manchmal abends aus?
Kannst du lachen, kannst du singen,
kannst du auch dein Tanzbein schwingen?
Nikolaus, Nikolaus –
gehst du manchmal abends aus?

3. Nikolaus, Nikolaus –
kennst du wohl die Mickeymaus?
Liest du manchmal auch die Comics,
isst du gern wie ich die Pomm-Frits?
Nikolaus, Nikolaus –
kennst du wohl die Mickeymaus?

4. Nikolaus, Nikolaus …
*(wie Strophe 1)*

# Backstube

In unserer Backstube für Nikolaus wollen wir uns hauptsächlich auf die Zutaten beschränken, die typisch für das Ursprungsland des Bischofs von Myra sind und auf Früchte, wie Äpfel und Nüsse, die es bei uns um die Jahreszeit gibt.

## Lebkuchen – Grundrezept

Dieses Rezept eignet sich gut, um ein ganzes Backblech mit Lebkuchen zu allen Themen rund um Nikolaus herzustellen. Auch lassen sich nach dem Erkalten kleine Lebkuchen ausschneiden, die von den Kindern verziert werden.
Nikoläuse und Stiefel lassen sich aus dem ungebackenen Teig mit entsprechenden Formen ausstechen. Oder Sie fertigen mit den Kindern aus Karton Schablonen an, die sie selbst gemalt und ausgeschnitten haben. Diese werden auf den ausgerollten Teig gelegt und mit einem Messer ausgeschnitten, gebacken und verziert.

***Zutaten für ein Blech***
100 g Butter oder Margarine, 100 g brauner Zucker, 100 g dunkler Zuckerrübensirup, 2 große Eier, 500 g Mehl, 1 Tl Natron, 1 Tl Backpulver, 2 Tl Lebkuchengewürz, 1 Tl Zimt

***So wird's gemacht***
Fett, Zucker, Sirup und Eier gut verrühren, Mehl, Backpulver, Gewürze und Natron untermischen und gut verkneten. In Folie gewickelt im Kühlschrank ca. 2 Stunden ruhen lassen.
Teig ausrollen, auf ein mit Backpapier belegtes Blech legen oder Figuren ausschneiden und auflegen. Bei 180 Grad (Umluft) ca. 15 Minuten backen. Auskühlen lassen und nach Herzenslust verzieren.

## Nikolausplätzchen

Plätzchen in Form eines Nikolaus oder eines Stiefels gehören zu jeder Nikolausfeier. Entweder Plätzchenausstecher verwenden oder die

Kinder malen einen Nikolaus oder Stiefel auf einen Karton, schneiden diesen aus und verwenden ihn als Schablone.

***Zutaten für Mürbteig***
Für den Teig: 500 g Mehl, 175 g Zucker, 1 Prise Salz, 1 TL Zimt, 2 Eier, 250 g Margarine und etwas Mehl zum Ausrollen;
für die Verzierung (Zuckerguss): 2 Eiweiß, 400 g Puderzucker, Lebensmittelfarbe nach Wahl, Schokostreusel oder Liebesperlen in verschiedenen Farben

***Zubereitung***
Mehl auf die Arbeitsplatte sieben und in die Mitte eine Vertiefung drücken. Zucker und Salz hineingeben. Ein Ei in einer Tasse verquirlen und in die Mitte geben. Die sehr kalte Margarine mit dem Messer in kleine Stückchen schneiden und auf den Mehlrand geben. Nun die Zutaten in der Mitte verrühren, dabei schon etwas Mehl untermischen. Dann mit beiden Händen die Zutaten kräftig vermischen und gut durchkneten. Den Teig zu einer Rolle formen und verpackt im Kühlschrank eine Stunde kalt stellen. Backblech einfetten und mehlen oder mit Backtrennpapier belegen. Danach Teig ausrollen, die Nikoläuse und Stiefel ausstechen oder mit der Schablone ausschneiden, auf das Backblech legen und 10 bis 15 Minuten bei 200 Grad, Gasherd Stufe 3, backen. Die Plätzchen auf einem Kuchengitter auskühlen lassen.

Für den Zuckerguss mit dem Handrührgerät Eiweiß steif schlagen, den gesiebten Puderzucker unterrühren, bis ein dicker Guss entsteht. Die gesamte Menge auf zwei Schälchen aufteilen. Ein Schälchen mit Lebensmittelfarbe einfärben, das andere für Bart, Haare und Verzierungen weiß lassen. Anschließend den Guss mit Pinsel auf die erkalteten Plätzchen auftragen und nach eigenen Ideen verzieren.

## Schokobrot

Ein Blechkuchen, der mit vielen Ideen verziert werden kann. Beispielsweise mit Schokoguss überziehen, mit bunten Zucker- und Schokostreuseln, verschiedenen Nüssen, Orangeat- und Zitronatwürfeln bestreuen und in kleine Quadrate, Rechtecke oder Rauten schneiden. Sehr dekorativ ist es, das ganze Blech als Bild zu gestalten. Dazu mit Zuckerguss oder Zuckerschrift Nikolaus, Nikolausstiefel, Mond und Sterne aufmalen.

***Zutaten***
6 Eier, 250 g Zucker, 250 g Butter, 100 g Mehl, 250 g gemahlene Nüsse, 50 g Kakao, Schokoguss und Verzierung

***So wird's gemacht***
Eier, Butter und Zucker schaumig rühren, Mehl und Kakao nach und nach hinzugeben, Nüsse unterrühren. Teig auf ein gefettetes und bemehltes Backblech streichen. Bei 180 Grad (Umluft) ca. 20 bis 30 Minuten backen. Erkalten lassen und verzieren.
Grundteig ist mit Zimt oder Lebkuchengewürz abwandelbar.

## Gefüllte Datteln

***Zutaten***
Getrocknete oder frische Datteln, Marzipan, ganze Mandeln

***So wird's gemacht***
Datteln der Länge nach aufschneiden, Kern entfernen und diesen mit Marzipan in derselben Form, oder mit einem Mandelkern ersetzen. Dattel fest zusammen drücken. Mit anderen in Schokolade getauchten Früchten sind sie eine leckere Abwechslung zu Lebkuchen und Plätzchen.

## Schoko-Früchte

***Zutaten***
Obst der Saison, wie Feigen, Mandarinen, Äpfel, Bananen, weiße, helle oder dunkle Kuvertüre, Zitrone, Zahnstocher oder Schaschlikspieße, Styroporplatte zum Aufstecken der kuvertierten Obststücke

***So wird's gemacht***
Obst waschen, mit Küchenkrepp gut abtrocknen. Früchte eventuell in kleine Stücke schneiden. Äpfel und Bananen mit Zitrone beträu-

feln, damit das Fruchtfleisch nicht braun wird. Kuvertüre in Wasserbad langsam schmelzen lassen. Die Früchte aufspießen und in Kuvertüre tauchen. Zum Trocknen Spieße auf Styroporplatte stecken.

## Bratäpfel

***Zutaten pro Bratapfel***
Je 1 Tl gemahlene Haselnüsse, rote Marmelade, Zucker, Rosinen (eventuell Vanillesauce), Materialien: 1 Apfelausstecher, Alufolie etwa 15 × 15 cm

***Zubereitung***
Apfel gründlich waschen, abtrocknen und Gehäuse mit dem Ausstecher entfernen. Apfel auf die Folie legen und abwechselnd mit Haselnüssen, Marmelade, Zucker und Rosinen füllen. Ecken der Folie anheben, zusammen drehen und mit dem Apfel auf das Backblech stellen. Bei etwa 250 Grad Apfel 35 bis 45 Minuten braten. Wer mag, kann Vanillesauce oder Vanilleeis dazu reichen.

## Heiße Maronen

Ältere Kinder können mit einem kleinen Küchenmesser die Maronen an der flachen Unterseite über Kreuz einschneiden. Danach auf ein Backblech legen und 10 bis 15 Minuten bei mittlerer Hitze backen, bis die Schale aufspringt und sich das innere Häutchen löst.

## Walnuss-Aprikosen-Kuchen

***Zutaten***
250 g Margarine, 200 g Zucker, 1 Päckchen Vanillinzucker, 4 Eier, 3 Tl Backpulver, 1 Tl Zimt, je 1/4 Tl Nelken und Ingwer (gemahlen), 250 g Mehl, 1 El Honig, 100 g Walnüsse, 100 g getrocknete Aprikosen, Margarine für die Form, Puderzucker

***Zubereitung***
Margarine, Zucker, Vanillinzucker und Eier schaumig rühren. Das mit gesiebtem Backpulver, Zimt, Nelken und Ingwer gemischte Mehl unterrühren und den Honig zufügen. Einige Walnüsse und Aprikosen

zum Garnieren beiseitelegen. Die übrigen Nüsse und getrocknete Aprikosen grob hacken und unter den Teig rühren. Eine Kastenform (30 cm) gut einfetten und den Teig hineinfüllen, dann im Backofen insgesamt 75 Minuten backen (Elektroherd 175 Grad).
Nach etwa 30 Minuten Backzeit vorsichtig der Länge nach einschneiden. Nach der vollen Backzeit Kuchen abkühlen lassen und Puderzucker darüber sieben. Den Kuchen mit Walnüssen und Aprikosen garnieren.

## Nikolauspunsch

***Zutaten für 12 Personen***
1 1/2 l schwarzer Johannisbeersaft, 1 1/2 l Apfelsaft, Saft von 2 Zitronen und 8 Orangen, 4 Stück Nelken, 1 Zimtstange, Zucker nach Geschmack

***Zubereitung***
Schwarzen Johannisbeersaft und Apfelsaft mit den Gewürzen erhitzen, aber nicht kochen. Zitronen- und Orangensaft beifügen, abschmecken, abseihen, noch heiß reichen.

# Quellenverzeichnis

S. 2: Bruno Horst Bull, An den lieben Nikolaus, aus: Bruno Horst Bull (Hrsg.), Verse zum Feiern. Glückwünsche im Lebens- und Jahreslauf, © Don Bosco Verlag, München 1986.
S. 40f.: Kathrin Siegenthaler und Marcus Pfister: Wie Sankt Nikolaus einen Gehilfen fand, Nord-Süd Verlag, Grossau, Zürich und Hamburg 1989.
S. 44f.: Maria Rößler: Der Bischofsstab, aus: Zauberhafte Winterweihnachtszeit, © Don Bosco Verlag, München 1998
S. 69: Rolf Krenzer, Detlev Jöcker: Sei gegrüßt lieber Nikolaus, aus Liedheft und MC »Weihnachten ist nicht mehr weit«, Menschenkinder Verlag, Münster.
S. 73: Volker Rosin: Nikolaus – wo steht dein Sommerhaus?, aus: Winterzeit – Weihnachtszeit © Moon-Records, Bad Oeynhausen

# Feste feiern mit Kindern

ISBN 3-7698-1271-9

ISBN 3-7698-1272-7

ISBN 3-7698-1338-3

ISBN 3-7698-1302-2

ISBN 3-7698-1259-X

ISBN 3-7698-1260-3

ISBN 3-7698-1368-5

**Jeder Band der Reihe mit:**

- Informationen zum Brauchtum, zur Entstehungsgeschichte und zur Bedeutung des Festes
- Hilfen zur Planung und Vorbereitung
- ganzheitliche Ideen und Aktionen aus den Bereichen Spielen und Gestalten, Stille und Meditation, Geschichten und Gedichte, Kochen und Backen, Singen und Bewegen